Lesen
Schulausgangsschrift

Erarbeitet von

Heike Baligand

Angelika Föhl

Nadine Pistor

Elke Schnepf-Rimsa

in Zusammenarbeit mit der
Westermann-Grundschulredaktion

Unter Beratung von

Nadin Haida-Herklotz

Miriam Jacobs

Katharina Jorga

Insa Scheller

Christina von Weyhe

Prof. Dr. Anja Wildemann

Illustriert von

Karoline Kehr und Susanne Schulte

Flex und Flora
Deutsch

4

westermann

Inhaltsverzeichnis

Gut starten

 **1** Suche dir zwei Kinder für eine Gruppe.

_____
Unterschrift Gruppenkinder

 **2** Spielt das Bingo-Spiel:

- Ein Kind ist Bingomaster und liest die Sätze
  in beliebiger Reihenfolge vor.
  Der Bingomaster darf jeden Satz nur einmal vorlesen.
- Die anderen beiden Kinder sind die Spielkinder.
  Das eine Spielkind wählt Bingoplan A aus,
  das andere Spielkind Bingoplan B.
- Beide Spielkinder hören dem Bingomaster zu
  und markieren den Satz mit einem Spielstein auf ihren Plänen.
- Das Spielkind, das zuerst vier Steine in einer Reihe → ↓ ↗
  auf seinen Bingoplan legen kann, ruft **Bingo**.
  In der nächsten Runde ist es Bingomaster.

Sätze zum Vorlesen

Müssen wir die Überschrift auch abschreiben?	Kann mir jemand ein Blatt leihen?
Ich bin fertig. Was soll ich jetzt machen?	Können wir heute einen Film sehen?
Darf ich das auch mit Lila unterstreichen?	Ich habe die Frage nicht verstanden!
Welche Seite sollen wir aufschlagen?	Können wir heute Brennball spielen?
Warum dürfen immer die anderen anfangen?	Was sollen wir denn hier machen?
Müssen wir die ganze Seite abschreiben?	Kann mir jemand eine Schere leihen?
Ich habe mich schon so lange gemeldet!	Bekommen wir die Arbeit heute zurück?
Kommen diese Aufgaben auch im Test vor?	Ich habe mich nicht gemeldet!

Eine Spielanleitung lesen und verstehen
Deutlich vorlesen und genau zuhören

Bingoplan A

Welche Seite sollen wir aufschlagen?	Müssen wir die ganze Seite abschreiben?	Ich habe die Frage nicht verstanden!	Ich habe mich nicht gemeldet!
Kommen diese Aufgaben auch im Test vor?	Müssen wir die Überschrift auch abschreiben?	Kann mir jemand eine Schere leihen?	Was sollen wir denn hier machen?
Kann mir jemand ein Blatt leihen?	Ich habe mich schon so lange gemeldet!	Können wir heute Brennball spielen?	Warum dürfen immer die anderen anfangen?
Bekommen wir die Arbeit heute zurück?	Ich bin fertig. Was soll ich jetzt machen?	Können wir heute einen Film sehen?	Darf ich das auch mit Lila unterstreichen?

Bingoplan B

Darf ich das auch mit Lila unterstreichen?	Müssen wir die Überschrift auch abschreiben?	Bekommen wir die Arbeit heute zurück?	Können wir heute einen Film sehen?
Ich bin fertig. Was soll ich jetzt machen?	Ich habe mich nicht gemeldet!	Welche Seite sollen wir aufschlagen?	Müssen wir die ganze Seite abschreiben?
Was sollen wir denn hier machen?	Können wir heute Brennball spielen?	Ich habe mich schon so lange gemeldet!	Kann mir jemand ein Blatt leihen?
Kann mir jemand eine Schere leihen?	Warum dürfen immer die anderen anfangen?	Ich habe die Frage nicht verstanden!	Kommen diese Aufgaben auch im Test vor?

1 Lies die Sätze.
Kreuze jeweils den richtigen Satz an.

a) ☐ Mittags esse ich gern Nudeln mit Tomatensoße.
☐ Mittags esse ich gern Pudel mit Tomatensoße.

b) ☐ An einer Bananenstaude wachsen viele dumme Bananen.
☐ An einer Bananenstaude wachsen viele krumme Bananen.

c) ☐ Abends liest meine Oma mir manchmal noch etwas vor.
☐ Abends niest meine Oma mir manchmal noch etwas vor.

d) ☐ Vor dem Frühstück räumen wir in der Schale immer unseren Fisch auf.
☐ Vor dem Frühstück räumen wir in der Schule immer unseren Tisch auf.

2 Lies den Text.

Die Nachtwanderung

1 In den Ferien habe ich mit meinem Freund Ben ein Abenteuer erlebt.
Mit Taschenlampen ausgerüstet sind wir mitten in der Nacht
zu einer Wanderung aufgebrochen. Im Jahr 1899 erfand der Engländer
David Misell die Taschenlampe. Mittlerweile gibt es viele verschiedene Arten
5 von Taschenlampen. Sie gehören auch zur Grundausstattung
von Polizei und Feuerwehr. Bens Tante hatte alles geplant und
war mit uns unterwegs. Zuerst gingen wir noch an der beleuchteten Straße
entlang, aber als wir im Park waren, war es stockdunkel. Das Licht
der Taschenlampen half uns dabei, dass wir nicht vom Weg abkamen.
10 Es gibt auch Taschenlampen, die unter Wasser funktionieren.
Plötzlich knackte es neben uns im Gebüsch. Wir konnten aber nichts
erkennen und gingen weiter. Dann knackte es wieder und wir hörten
etwas rascheln. Ein Tier rannte über den Weg und lief direkt
über meine Füße. Ich schrie voller Panik.
15 „Das war wohl eine Ratte", meinte Bens Tante.
Das war die gruseligste Nachtwanderung meines Lebens.

3 Vier Sätze passen nicht zur Überschrift.
Streiche sie durch.

4 Warum passen diese Sätze nicht zur Geschichte? _____
Erkläre es einem Partnerkind.

Unterschrift Partnerkind

Sätze genau lesen und auf Sinnhaftigkeit überprüfen
Semantisch unpassende Sätze in einem Text identifizieren
Die Auswahl semantisch unpassender Sätze begründen

KV 122
Fö 118

5 Lies, was die Kinder sagen.

Maodo

> Ich lese gern Texte, die in Sprechblasen stehen. Durch die Bilder kann ich mir gut vorstellen, was da gerade passiert. Manche Wörter sind lustig geschrieben. Schreit zum Beispiel jemand, ist die Schrift riesig.

Sachtext

Helin

> Ich lese gern spannende Geschichten, in denen Verbrechen oder Ungerechtigkeiten aufgeklärt werden.

Comic

Levi

> Ich mag Texte, in denen sich die Wörter am Ende der Verse reimen. Diese Texte sind oft kurz, aber es wird viel darin erzählt. Ich lerne diese Texte manchmal auswendig.

Märchen

Anton

> Ich mag Geschichten mit Hexen, Zauberern, Feen und sprechenden Tieren, bei denen es am Ende immer gut ausgeht. Oft beginnen diese Texte mit: Es war einmal ...

Krimi

Lawa

> Ich informiere mich gern über Lebewesen und Dinge. Die Texte, die ich gern lese, geben Antworten auf verschiedene Fragen.

Gedicht

6 Welche Textsorten lesen die Kinder gern? Verbinde in Aufgabe 5.

7 Welche Textsorte liest du gern? Begründe.

_____

_____

8 Gib für jede Textsorte von Aufgabe 5 ein Beispiel. In welchen Medien findest du sie?
Schreibe ins Heft:

Textsorte	Titel	Medium
Sachtext	...	...
...	...	...

Aussagen interpretieren und einer Textsorte zuordnen
Das eigene Leseverhalten in Bezug auf Vorlieben analysieren
Beispiele für Textsorten finden und passende Medien notieren

KV 123
Fö 119
HR

108

7

Lesen üben mit Texten

1 Suche dir ein Partnerkind für die Aufgaben 2–6.

Unterschrift Partnerkind

2 Sprecht über diese Fragen:

a) Wie übt ihr lesen?

b) Was könnten die Wörter auf den Karten vor Flex und Flora bedeuten?

3 Lest den Text.

Lesen im Tandem

Zu zweit lesen hilft euch, besser und schneller
zu lesen. Beim **Lesen im Tandem** arbeiten
ein leseschwächeres Kind (das Sportlerkind)
und ein lesestärkeres Kind (das Trainerkind) zusammen.

So geht's:

• Zählt bis 3 und lest gemeinsam halblaut.
  Das Trainerkind führt den Finger mit.
• Wenn das Sportlerkind einen Fehler macht,
  kann es sich selbst verbessern.
  Wenn es das nicht tut, verbessert das Trainerkind.
  Danach fangt ihr wieder am Satzanfang an.
• Wenn sich das Sportlerkind sicher fühlt,
  gibt es dem Trainerkind ein Zeichen
  und liest allein weiter.
• Habt ihr den Text 4-mal gelesen,
  bearbeitet ihr die Aufgaben zum Text.

Möglichkeiten zum Lesenüben thematisieren
Den Ablauf einer Trainingsmethode (Lesen im Tandem) lesen und
verstehen

 **4** Übt das Lesen im Tandem.

a) Verteilt die Rollen:

Trainerkind: _____ Sportlerkind: _____

b) Lest den Text 4-mal. Arbeitet Schritt für Schritt.

Kreuzt nach jedem Lesen an. ☐ 1 ☐ 2 ☐ 3 ☐ 4

Nasreddins weiser Rat
von Paul Maar

1 Einmal stellte sich Nasreddin auf den Marktplatz und rief:
„Ich habe Weisheiten zu verkaufen!
Außergewöhnliche, großartige, nützliche Weisheiten!
Es kostet jeden Zuhörer nur einen einzigen kleinen Zehner!"
5 „Welche Weisheiten denn?", fragten ihn die Leute.
„Ich verrate euch, wie man ohne Arbeit zu Geld kommt.
Ja, wie man, ohne sich anzustrengen, eine Menge Geld verdienen kann!"

Das wollten die Leute gerne hören und alle zahlten den geforderten Preis.
Nasreddin sammelte das Geld ein und zählte es langsam und sorgfältig.

10 Die Leute wurden ungeduldig und riefen:
„Jetzt sag uns schon, wie man zu Geld kommt, ohne zu arbeiten!"
Nasreddin steckte die Münzen in die große Tasche seines Kaftans und sagte:
„Ihr müsst euch auf den Marktplatz stellen und laut rufen,
dass ihr Weisheiten verkauft. Danach müsst ihr nur noch
15 das Geld einsammeln und schnell wegrennen!"
Und das tat er dann auch.

 5 Sprecht über diese Fragen:

a) Warum geben die Leute Nasreddin Geld?

b) Warum muss Nasreddin am Ende der Geschichte schnell weglaufen?

c) Findet ihr die Geschichte lustig? Warum?

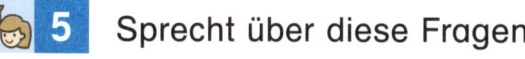

6 Sprecht über die Methode **Lesen im Tandem** und begründet:

a) Was hat euch an der Methode gut gefallen, was nicht so gut?

b) Könnte euch das Tandemlesen dabei helfen, besser zu lesen?

Die Lesegenauigkeit und die Lesegeschwindigkeit trainieren
Das Textverständnis sichern und einen Text bewerten
Die eigene Lesefähigkeit einschätzen

KV 124
Fö 120

9

Datum: _____

1 Lies den Text.
In jeder Zeile passt ein Wort nicht. Streiche es durch.

Ferien am See

1 In den Sommerferien fahren wir oft an Mama einen See.

Dort gibt es unterhält eine tolle Badestelle. Zwischen den Schilfpflanzen

ist ein kleiner Sandstrand. An dieser Stelle sich kann man gut

ins Wasser gehen. Meine Schwester ist am eine richtige Wasserratte.

5 Sie kann gut schwimmen und sie liebt es See zu schnorcheln.

Zum Geburtstag hat sie eine gern Schnorchelmaske bekommen.

Damit ist sie stundenlang im Wasser und mit beobachtet Fische.

Begeistert erzählt sie von den Fischen, die ihrer sie gesehen hat.

Das ist nichts für mich. Ich Freundin liege lieber auf der Decke

10 und lese Rosi eine Detektivgeschichte.

2 Lies den Lösungssatz. Er setzt sich
aus den durchgestrichenen Wörtern zusammen.

3 Lies den Text.
Setze die fehlenden Wörter ein.
Drei Wörter passen nicht.

Bett	aufstellen	Maul	Stacheln	Männchen
anziehen	bewachen	viele	Waffe	Nachbarn

Der Stichling

Der Stichling hat seinen Namen von den _____,

die er auf dem Rücken trägt. Diese Stacheln kann er _____.

Sie werden dann zu einer gefährlichen _____.

Aus diesem Grund haben die Stichlinge nicht _____ Feinde.

Bei den Stichlingen kümmern sich die _____

um die Aufzucht der Jungen. Die Männchen _____ die Eier,

aus denen nach sechs bis zehn Tagen kleine Fische schlüpfen.

Bei Gefahr nimmt das Männchen sie ins _____

und bringt sie ins Nest zurück.

109

Syntaktisch unpassende Wörter in einem Text finden
Antizipierend lesen und vorgegebene Wörter in einen Lückentext
einsetzen

HR

Datum: _____

 **1** Suche dir ein Partnerkind
für die Aufgaben 2–3.

_____

Unterschrift Partnerkind

 2 Versucht zunächst allein, die Texte zu lesen.
Lest sie beim zweiten Mal gemeinsam.

Sch%imma&zeich§n   Sil%er

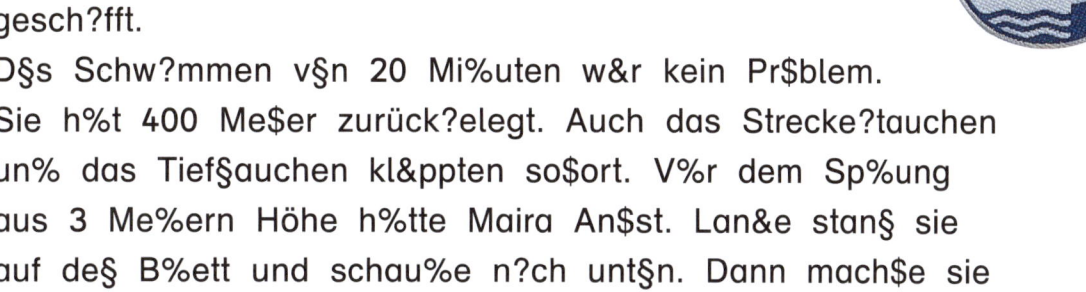

Maira k?mmt ga§z begeist&rt n?ch Hau%e.
Sie h%t ihr Sch%imma&zeich§n in Sil%er
gesch?fft.
D§s Schw?mmen v§n 20 Mi%uten w&r kein Pr$blem.
Sie h%t 400 Me$er zurück?elegt. Auch das Strecke?tauchen
un% das Tief§auchen kl&ppten so$ort. V%r dem Sp%ung
aus 3 Me%ern Höhe h%tte Maira An$st. Lan&e stan§ sie
auf de§ B%ett und schau%e n?ch unt§n. Dann mach$e sie
die Au§en zu und s&rang. Sto?z klette%te sie au? dem Beck%n.
Gesch%fft!

Schüttelwörter

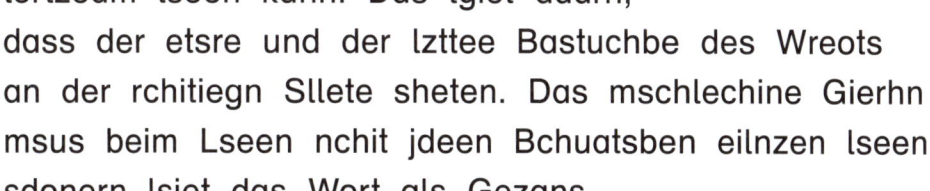

Schtterwöteülr snid Wretör, in dneen die Bsuchtbean
in den Wertrön drucheinendaergüschttelt wredun.
Ttxee, die aus selochn Wröretn bsetheen, snid nchit lcheit zu leesn.
Wissnetschaflerinnen und Wissscheaelntfr
hbaen hresaugunefden, dass man Ttxee,
die aus slechon Wretörn btseehen,
tortzedm lseen kann. Das lgiet daarn,
dass der etsre und der lzttee Bastuchbe des Wreots
an der rchitiegn Sllete sheten. Das mschlechine Gierhn
msus beim Lseen nchit jdeen Bchuatsben eilnzen lseen,
sdonern lsiet das Wort als Gezans.

 **3** Sprecht über diese Fragen:

a) Wie gut konntet ihr die Texte lesen?

b) Was hat euch dabei geholfen, die Texte zu verstehen?

c) Wovon handeln die beiden Texte?

1 Lies den Text.

Drei Musikinstrumente

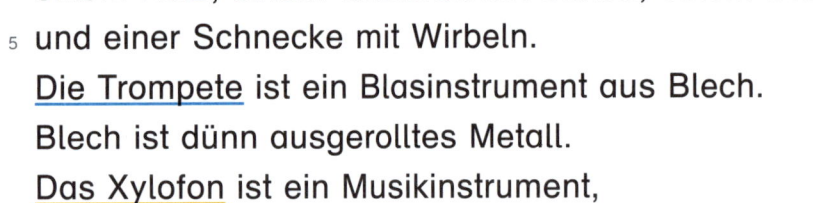

1 Die Geige, die auch Violine genannt wird,
   gehört zur Familie der Streichinstrumente.
   Sie besteht aus einem Korpus mit Kinnhalter,
   einem Hals, einem Griffbrett mit Saiten, einem Steg
5 und einer Schnecke mit Wirbeln.
   Die Trompete ist ein Blasinstrument aus Blech.
   Blech ist dünn ausgerolltes Metall.
   Das Xylofon ist ein Musikinstrument,
   das aus Holzstäben und einem Klangkörper besteht.
10 Blasinstrumente werden nicht nur in der Blasmusik,
   sondern auch in anderen Musikrichtungen eingesetzt.
   Man findet sie in der klassischen Musik, aber auch in Pop und Jazz.
   Zum Spielen des Instruments benötigt man einen Bogen,
   der über die Saiten bewegt wird. Durch das Streichen entsteht ein Klang.
15 Die Stäbe sind alle unterschiedlich lang. Werden sie mit einem Schlägel
   geschlagen, entstehen unterschiedliche Töne.
   Der Bogen ist entweder mit Kunsthaaren oder mit Rosshaaren bespannt.
   Es gibt drei Ventile bei diesem Blasinstrument. Drückt man beim Blasen
   ein Ventil, verändert sich der Ton.
20 Zum Spielen wird der untere Teil des Korpus zwischen Kinn und Schulter
   festgeklemmt. Man nutzt dazu einen Kinnhalter.
   Der Ton bei dem Instrument entsteht dadurch, dass man
   in das Mundstück hineinbläst. Die Luftsäule im Instrument
   beginnt zu schwingen. Welche Töne herauskommen, hängt auch davon ab,
25 welche Lippenspannung man hat und welche Ventile man drückt.
   Bei den Stäben gibt es eine einfache Regel:
   Je kürzer der Stab, desto höher ist der Ton;
   je länger der Stab, desto tiefer ist der Ton.

2 Welche Sätze im Text von Aufgabe 1 gehören
zu welchem Musikinstrument?
Unterstreiche die Sätze rot, blau oder gelb.

3 An welchen Wörtern hast du erkannt,
welche Sätze zu welchem Instrument gehören?
Kreise sie rot, blau oder gelb ein.

111

1 Schau dir das Bild an und lies den Text.

Bundesjugendspiele

1 Wie jedes Jahr führt unsere Schule auch in diesem Sommer
Bundesjugendspiele durch. Die Sonne scheint und es ist keine Wolke
am Himmel zu sehen. Es gibt die Pflichtaufgaben Laufen, Springen
und Werfen. Zusätzlich haben die Eltern tolle Spielestationen aufgebaut:
5 einen Schubkarren-Transport, ein Zielwerfen mit Tannenzapfen
und Eierlaufen.
Unsere Klasse beginnt an der Wurfstation. Immer vier Kinder werfen
gemeinsam. Nach einigen Probewürfen hat jedes Kind drei Versuche.
Zwei Väter notieren die geworfenen Meter. Unsere Parallelklasse steht
10 an der 75-Meter-Laufbahn. Dort treten immer zwei Kinder gegeneinander an.
Lara und Max laufen gleichzeitig über die Ziellinie.
Die letzte Pflichtstation ist der Weitsprung. Dort fegt ein Vater
das Absprungbrett, damit man die Fußabdrücke gut erkennen kann.
Zur Erfrischung gibt es einen Eisstand und einen Vitaminstand.
15 Am Vitaminstand sind leckere Gurken und Tomaten aufgeschnitten.

2 Welche Textstellen passen nicht zum Bild? Markiere.

3 Schreibe zu einem Bild deiner Wahl einen Text wie in Aufgabe 1.

Einen Text mit einem Bild vergleichen und Unstimmigkeiten erkennen
Zu einem Bild einen Text mit Unstimmigkeiten schreiben

KV 2
Fö 2, 121
HR

112

13

1 Lies den Rätseltext.

Sommerurlaub

1 Das Mädchen, das nach Spanien gefahren ist,
ist drei Wochen dort geblieben.
Der Urlaub in der Türkei dauerte sechs Wochen.
Tilo hat zusammen mit seinem Vater Urlaub gemacht.
5 Der andere Junge war mit Oma und Opa unterwegs.
In Spanien hat Mina mit ihrer Mutter Urlaub gemacht.
Selma war mit ihren Eltern in der Türkei.
Ein Junge war vier Wochen mit seinen Großeltern in Schweden.
Eine Woche Urlaub in Bayern hat Tilo gut gefallen.

> Lies die Rätseltexte mehrmals hintereinander. Schreibe erst, wenn du etwas sicher weißt.

2 Schreibe die fehlenden Informationen in die Tabelle.

	Tilo	Selma	Lasse	Mina
Reiseziel				
Reisedauer				
Mitreisende				

3 Lies den Rätseltext. Ergänze die Namen, die Farben der T-Shirts und die Wünsche.

Wer wünscht sich was für die Sportstunde?

1 Die Person mit dem roten T-Shirt
würde gern Fußball spielen.
Hinter Aylin steht jemand
in einem schwarzen T-Shirt.
5 Oskar steht zwischen Jonas und Emilia.
Die letzte Person in der Reihe
hat ein gelbes T-Shirt an.
Emilia will gern mit dem Rollbrett fahren.
Aylin ist die Erste in der Reihe.
10 Der andere Junge hat ein blaues T-Shirt an.
Jonas will am liebsten Basketball spielen.
Die letzte Person in der Reihe ist ein Mädchen.
Ein anderes Kind will Kunststücke mit dem Seil einüben.

Informationen aus einem Rätseltext verschriftlichen
Informationen aus einem Rätseltext kombinieren und
zeichnerisch umsetzen

KV 5, 6, 126
Fö 5, 6, 122/Fo 58

1 Verbinde die Bilder mit der passenden Redensart.

 A  B  C  D

Tomaten auf den Augen haben	das schwarze Schaf sein	jemanden zur Schnecke machen	sich etwas aus dem Ärmel schütteln

2 Lies die Erklärungen zu den Redensarten.
Ordne die Bilder der passenden Erklärung zu.
Schreibe den jeweiligen Buchstaben in den Kreis vor die Erklärung.

◯ Wenn man jemanden sehr ausschimpft oder hart kritisiert, soll sich die Person so klein wie eine Schnecke fühlen.

◯ Die Wolle von weißen Schafen lässt sich in alle möglichen anderen Farben einfärben. Bei Wolle von schwarzen Schafen geht das nicht. Deshalb waren früher schwarze Schafe in Herden nicht erwünscht. Ein schwarzes Schaf nennt man eine Person, die in einer Familie oder in einer Gruppe unangenehm auffällt.

◯ Wenn jemand etwas nicht gesehen oder etwas übersehen hat, benutzt man diese Redewendung. Manchmal ist der Grund dafür, dass jemand schlecht oder gar nicht geschlafen hat und dann gerötete und verquollene Augen hat.

◯ Früher waren die Ärmel von Mänteln und Umhängen sehr weit. Sie dienten auch als Taschen. Man konnte darin Gegenstände verstecken und sie mühelos hervorholen. Wenn einem etwas ohne Anstrengung gelingt, benutzt man diese Redensart.

3 Finde eine andere Redensart.
Erkläre sie einem Partnerkind
mit eigenen Worten und gib ein Beispiel.

_____

Unterschrift Partnerkind

Illustrationen Redensarten zuordnen — KV 127
Erklärungen zu Redensarten passenden Bildern zuordnen — Fö 123
Eine Redensart finden und erklären — HR

L1

113

15

Gesprӓche führen und Zuhörstrategien nutzen

Datum: _____

Zuhörstrategien

Flex und Flora 4
Deutsch

Vor dem Zuhören

- Ich überlege: Worum könnte es gehen?
  Was weiß ich schon darüber?
  Worauf muss ich beim Zuhören achten?

- Ich setze mich so hin, dass ich gut zuhören kann.

Beim Zuhören

- Ich höre genau zu und
  mache mir im Kopf Bilder von dem, was passiert.

- Ich versuche zu verstehen, worum es geht.

- Ich frage nach, wenn ich etwas nicht verstanden habe.

- Ich konzentriere mich auf wichtige Informationen.

Nach dem Zuhören

- Ich denke darüber nach, was ich gehört habe.

- Ich stelle Fragen zum Gehörten und
  ich beantworte dazu Fragen.

- Ich spreche mit anderen darüber, was ich gehört habe
  und was ich über das Gehörte denke.

westermann
Immer auf den Punkt

> Beim Zuhören helfen mir Zuhörstrategien.

 **1** Suche dir ein Partnerkind
für diese Doppelseite.

_____
Unterschrift Partnerkind

 **2** Sprecht über diese Fragen:

a) Welche Strategien helfen dir beim Zuhören?

b) Was macht für dich das Zuhören schwierig?

 **3** Lest die Überschrift der Geschichte von Aufgabe 4.
Worum könnte es darin gehen?

Vorwissen zu Zuhörstrategien aktivieren und kommunizieren
Neue Zuhörstrategien kennenlernen und reflektieren
Eine Hörerwartung aufbauen   HR

 **4** Lasst euch den Textausschnitt vorlesen.
Macht euch beim Zuhören im Kopf Bilder von dem, was passiert.

Alva ist anders
Von Silke Schellhammer

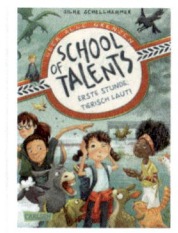

Den Rest des Unterrichts starrte Alva an die Tafel. … Dabei tat sie so,
als ob sie die Fliegen auf der Fensterbank nicht streiten hören konnte.
Wieder mal. Wie immer gab sie vor, ein normales Mädchen zu sein.
Ein absolut durchschnittliches Mädchen, für das Fliegen summten,
Frösche quakten und Hunde bellten. Alva seufzte.
Leider hörte sie ganz genau, dass sich die Fliegen auf der Fensterbank anbrüllten.
Und sie verstand auch, was sie sich gegenseitig an den Kopf warfen. Unmöglich, da NICHT
zuzuhören. Und es waren nicht nur die Fliegen. Auf dem Baum vor dem geöffneten Fenster
des Klassenzimmers erzählten sich zwei Eichhörnchen Witze. Und zwar wirklich gute Witze.
Alva biss sich auf die Lippe, um nicht laut loszulachen. Leider konnte Alva nicht beweisen, dass
sie Tiere verstand. Alva hatte ihren Eltern fest versprechen müssen, mit niemandem in der Schule
über ihre „wilden Ideen" zu reden. Weil sie sonst keine Freunde finden würde, hatten sie gesagt.
Und Alva hielt sich daran. Kein Wort verlor sie je über die Stimmen in ihrem Kopf.
Alva versuchte immer, normal zu wirken. Ehrlich. Sie strengte sich echt an!
Aber Tiere redeten einfach unheimlich viel. *(gekürzt, verändert)*

 **5** Sprecht über diese Fragen:

a) Welche Bilder sind in euren Köpfen beim Zuhören entstanden?

b) Was habt ihr über Alva erfahren?

6 Welche Vor- und Nachteile könnte es haben,
wenn man die Sprache der Tiere versteht?
Denke zuerst allein darüber nach. Schreibe.

Vorteile	Nachteile

 **7** Vergleicht eure Notizen von Aufgabe 6. Sprecht darüber.

Einem Hörtext verstehend zuhören
Die globale Kohärenz des Gehörten verbalisieren
Sich zu einem Sachverhalt strukturiert äußern und austauschen

KV 7-9
Fö 7-9, 124, 125/Fo 4-6
HR

17

Einen Streit schlichten

 **1** Suche dir zwei Kinder für eine Gruppe für die Aufgaben 2 – 4.

_____
Unterschriften

 **2** Sprecht über diese Fragen:

a) An welches Erlebnis denkt ihr, wenn ihr das Wort **Streit** hört?

b) Wie konntet ihr den Streit lösen?

 **3** Lest den Text.

Streitgespräche ohne Sieger und Besiegte

„Die hat mir meinen Anspitzer geklaut." – „Aber der hat vorher meinen Füller runtergeschmissen."

So oder so ähnlich beginnen viele Streitgespräche.

Wo viele Menschen zusammen sind, gibt es Konflikte. Das ist ganz normal. Wenn man allerdings Konflikte nicht so löst, dass beide Seiten damit gut leben können, bleibt Unzufriedenheit zurück.

Aber wie löst man Konflikte zufriedenstellend?

Lola aus der Klasse 4b ist Streitschlichterin und hat in einem Kurs gelernt, auf was man dabei achten muss. „Streitschlichtende Kinder müssen neutral sein und gut zuhören können. Wir passen auf, dass die Regeln der Streitschlichtung befolgt werden."

Während eines Streitschlichtungsgesprächs unterstützen sie die Streitenden dabei, eine faire Lösung zu finden, mit der alle zufrieden sind. Zunächst versprechen sich die Streitenden, diese Regeln einzuhalten:

* Ich lasse das andere Kind ausreden.
* Ich höre zu.
* Ich spreche höflich.
* Wir sprechen miteinander, nicht übereinander.

Die Streitschlichtung verläuft dann in drei Schritten:

1. Schritt:

Jedes am Konflikt beteiligte Kind schildert den Konflikt aus seiner Sicht: **Was** ist passiert? **Warum** ist es passiert? **Wie** habe ich mich dabei gefühlt? Jedes Kind wiederholt und fasst zusammen, was es gerade gehört hat.

2. Schritt:

Die Kinder sammeln gemeinsam Ideen für mögliche Lösungen und einigen sich auf einen Vorschlag.

Ein Gespräch über Erfahrungen mit Konfliktlösungsstrategien führen
Einen Text genau lesen
Die Methode _Streitschlichtung_ kennenlernen

3. Schritt:

Die Kinder reichen sich zur Versöhnung die Hände.

Streitschlichterinnen und Streitschlichter sind neutral und fällen keine Urteile.

Ihre Aufgabe ist es, die Streitenden bei den einzelnen Schritten des Gesprächs

zu begleiten und sie beim Finden von möglichen Lösungen zu unterstützen.

Wenn es am Ende des Gesprächs dann zum Händedruck kommt,

ist aus einem Streitgespräch ein Friedensgespräch geworden.

 **4** Sprecht über diese Sätze einer Streitschlichtung. Kreuzt an.

a) Wer könnte diesen Satz gesagt haben –
ein streitschlichtendes Kind oder ein streitendes Kind?

b) Welche Sätze sind hilfreich?

	streit-schlichtendes Kind	streitendes Kind	👍
Seid ihr bereit, die Regeln einer Streitschlichtung einzuhalten?			
Erzählt bitte nacheinander, was passiert ist.			
Ich habe gar nichts gemacht. Du fängst doch immer an!			
Ihr schon wieder – ihr nervt mit eurem Dauerstreit! Vertragt euch einfach.			
Du Vollpfosten! Hast sie doch nicht mehr alle! Nimmst uns mitten im Spiel den Ball ab und rennst weg. Geht's noch?			
Ich bin einfach sauer. Immer habt ihr den Ball. Wir wollen auch mal spielen!			
Ihr könnt jetzt beide einen Schritt aufeinander zugehen.			
Welche Lösungsmöglichkeiten könnte es für euer Problem geben?			
Seid ihr beide mit dem Lösungsvorschlag einverstanden?			

 **5** Wann sind Streitschlichtungsgespräche sinnvoll? Begründe.
Schreibe ins Heft.

Personen Aussagen zuordnen
Sich über Streitschlichtungsgespräche austauschen und dazu
eine eigene Meinung vertreten

KV 128, 129
Fö 124/Fo 59, 60
🔲 HR

115   **19**

1 Lies die Überschrift der Geschichte von Aufgabe 2.
Worum könnte es gehen? Schreibe.

_____

_____

2 Lass dir die Geschichte vorlesen.
Mache dir beim Zuhören im Kopf Bilder von dem, was passiert.

Die Geschichte vom Huhn und dem Auto
von Ursula Wölfel

Einmal waren drei Hühner auf der Straße, die haben da so herumgescharrt und gepickt
und gegackelt und an gar nichts gedacht. Da ist ein Auto gekommen. Das eine Huhn ist
zum Straßengraben gerannt und das andere ist über den Zaun geflattert.
Das dritte Huhn hat nicht gewusst, was es tun sollte. Erst ist es ein Stück am Zaun hochgeflattert,
dann ist es quer über die Straße zum Graben gerannt. Da hat der Mann im Auto gehupt und
das Huhn ist erschrocken und hat sich umgedreht und ist wieder zum Zaun gerannt und wieder
zum Graben und wieder zum Zaun, immer hin und her. Der Mann im Auto hat gehupt und gehupt.
Da ist das Huhn vor Angst mitten auf der Straße weitergerannt, immer geradeaus und das Auto ist
hinter ihm hergefahren und der Mann hat gehupt und gehupt, immer lauter. Da hat sich das Huhn
umgedreht und ist dem Auto entgegengelaufen. Aber wie es das gemerkt hat, ist es so erschrocken,
dass es sich hinsetzen musste. Es hat den Kopf eingezogen und die Augen zugemacht.
Der Mann hat das Auto angehalten und das Huhn ist aufgestanden und ganz gemütlich in den Hof
zu den anderen Hühnern spaziert. Es hat den Kopf gereckt und große, stolze Schritte gemacht.
„Gook! Gook!", hat es gerufen. Das sollte heißen: „…

3 Lass dir die Geschichte noch ein zweites Mal vorlesen.
Achte besonders auf die Wege der Hühner.
Ergänze die Skizze. Zeichne den Weg der Hühner ein.

4 Was könnte das Huhn mit **Gook! Gook!**
am Ende der Geschichte gemeint haben?
Finde einen letzten Satz. Schreibe.

_____

_____

20

Eine Hörerwartung aufbauen
Einem Hörtext Informationen entnehmen und als Skizze darstellen
Sich eine Meinung zum Gehörten bilden und aufschreiben

HR

1 Suche dir ein Partnerkind
für diese Seite.

_____

2 Wähle eine Zeichnung aus, die du deinem Partnerkind beschreiben möchtest.
Verrate nicht, welche Zeichnung du ausgewählt hast.

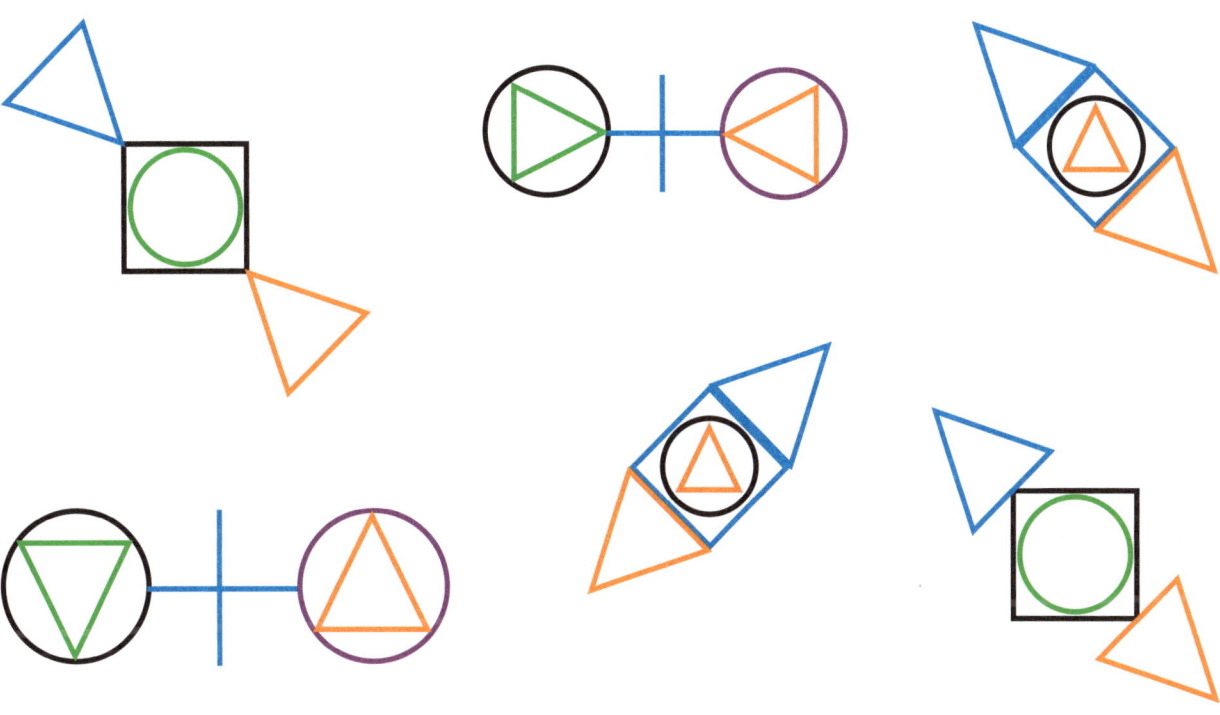

3 Wie willst du die Zeichnung beschreiben? Notiere Stichwörter.
Die Wörter im Kasten können dir dabei helfen.

Dreieck	Kreis	Seite	Quadrat	Linie
Kreuz	Ecke	Spitze	darüber	darunter
daneben	links davon	rechts davon		in der Mitte
senkrecht	waagerecht	diagonal		berühren

_____

_____

_____

 **4** Beschreibe die Zeichnung mithilfe deiner Notizen deinem Partnerkind.
Tauscht danach die Rollen. Sprecht über diese Fragen:

a) Welche Zeichnung ist gemeint?

b) Was hat dem zuhörenden Kind geholfen, die Zeichnung zu erkennen?

c) Worauf hat das beschreibende Kind besonders geachtet?

Einen Sprechbeitrag planen
Einem anderen Kind etwas verständlich beschreiben
Gezielt zuhören, Informationen entnehmen, Hörerfahrungen reflektieren

KV 1
Fö 1, 125/Fo 1
HR

21

Grafiken und Tabellen lesen

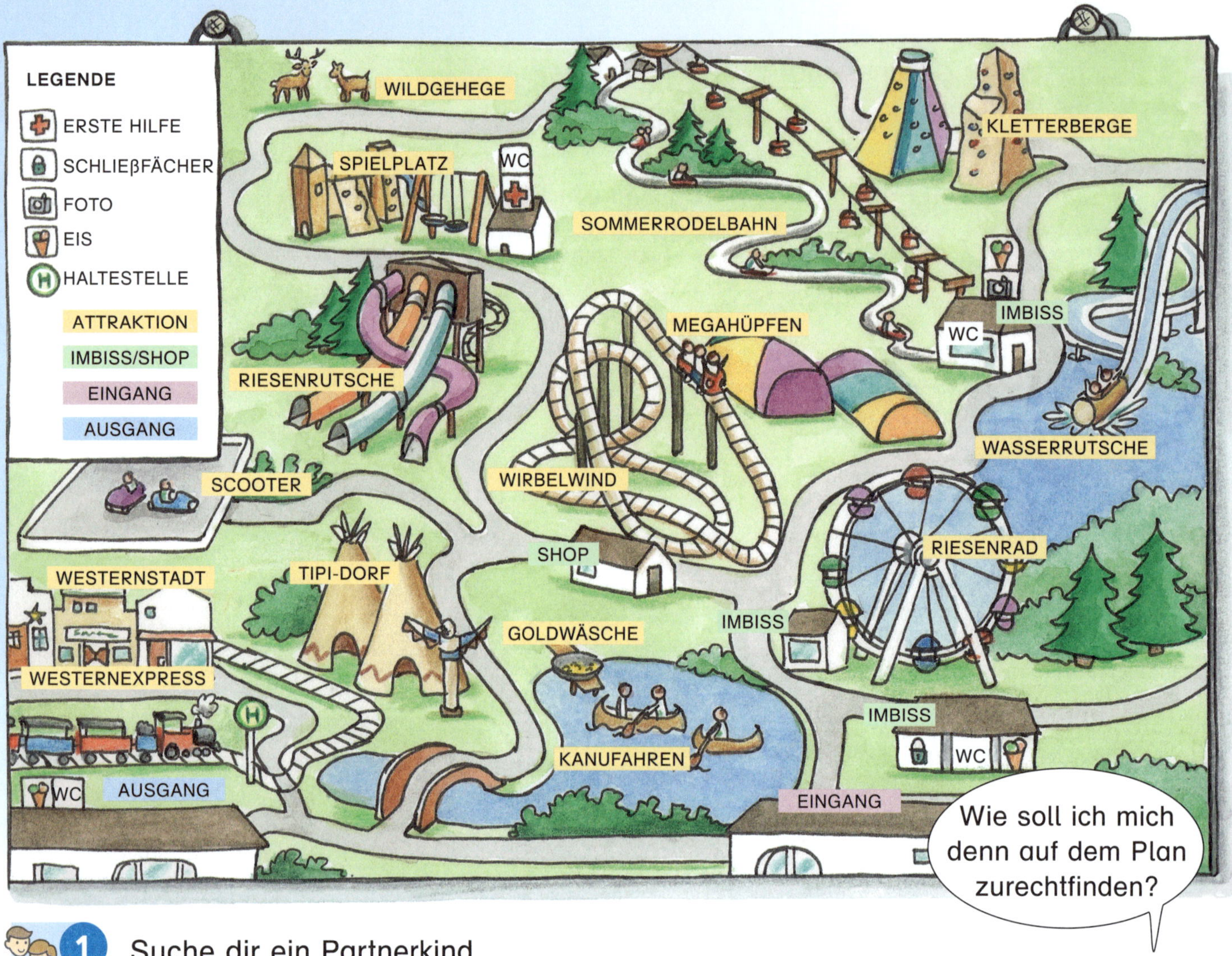

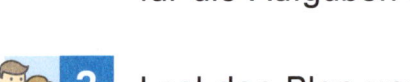

LEGENDE

➕ ERSTE HILFE

🔒 SCHLIEßFÄCHER

📷 FOTO

🍦 EIS

Ⓗ HALTESTELLE

ATTRAKTION

IMBISS/SHOP

EINGANG

AUSGANG

WILDGEHEGE

SPIELPLATZ

WC

KLETTERBERGE

SOMMERRODELBAHN

MEGAHÜPFEN

IMBISS

WC

RIESENRUTSCHE

WASSERRUTSCHE

SCOOTER

WIRBELWIND

RIESENRAD

WESTERNSTADT

TIPI-DORF

SHOP

IMBISS

WESTERNEXPRESS

GOLDWÄSCHE

IMBISS

Ⓗ

WC

AUSGANG

WC

KANUFAHREN

EINGANG

> Wie soll ich mich denn auf dem Plan zurechtfinden?

1 Suche dir ein Partnerkind für die Aufgaben 2–4.

_____

Unterschrift Partnerkind

2 Lest den Plan und die Legende. Beantwortet die Fragen.

a) Was meint Flora?

b) Wo befinden sich auf dem Plan die Schließfächer? Kreist sie ein.

c) Ihr steht beim **Scooter** und wollt zur **Ersten Hilfe** am Spielplatz. Was seht ihr auf eurem Weg auf der linken Seite?

d) Was ist eine **Attraktion**? Erklärt euch den Begriff und findet Beispiele.

3 Stellt euch gegenseitig Fragen zum Plan und beantwortet sie.

4 Wähle eine Attraktion aus. Verrate sie noch nicht. Beschreibe deinem Partnerkind, wo du startest und was du auf dem Weg siehst. Kann dein Partnerkind sagen, wohin du gehen willst?

22

Die Legende für das Verständnis einer Grafik nutzen
Informationen aus einer Grafik entnehmen
Eine Grafik als Planungshilfe nutzen und einen Weg beschreiben

Fö 126/Fo 61

HR

5 Maria, Alend und Emil wollen in der ersten Ferienwoche gemeinsam in den Freizeitpark. Sie versuchen, einen Tag dafür zu verabreden. Lies die Aussagen der Kinder.

Maria

Montag und Freitag habe ich nachmittags Schwimmtraining. Dienstag gehe ich um 15 Uhr zu Oma und übernachte da. Nach dem Mittagessen bin ich am Mittwoch aber wieder da. Donnerstag bin ich schon verabredet.

Alend

Ich bin nächste Woche in einem Tenniscamp. Das ist Montag, Dienstag, Donnerstag und Freitag immer von 9 bis 12.30 Uhr. Am Donnerstag hat meine Mutter Geburtstag. Da feiern wir nachmittags ein Fest und ich darf mich sicher nicht verabreden.

Emil

Also, ich habe nächste Woche noch keine großen Pläne. Von Montag bis Mittwoch bin ich bei meinem Vater und ab Donnerstag bei meiner Mutter. Ich kann mich an jedem Tag mit euch treffen.

6 Wann können die Kinder gemeinsam in den Freizeitpark fahren? Übertrage die Aussagen von Aufgabe 5 in die Tabelle. Streiche dafür den Namen des Kindes durch, wenn es keine Zeit hat. Kreise ein, wann alle Kinder Zeit haben.

	Montag	Dienstag	Mittwoch	Donnerstag	Freitag
vormittags	Maria	Maria	Maria	Maria	Maria
	Alend	Alend	Alend	Alend	Alend
	Emil	Emil	Emil	Emil	Emil
nachmittags	~~Maria~~	Maria	Maria	Maria	Maria
	Alend	Alend	Alend	Alend	Alend
	Emil	Emil	Emil	Emil	Emil

Grafiken und Tabellen stellen Informationen übersichtlich dar. Die Bilder, Zeichen oder Symbole darin haben eine Bedeutung. Sie werden in einer **Legende** erklärt.

Aussagen von Kindern lesen
Informationen in eine Tabelle übertragen
Eine Tabelle zur Terminfindung nutzen

KV 130
▶ HR

116   **23**

1 Lies die Reportage.

1 Liebe Fußballfans!
Was für ein toller 15. Spieltag hier bei uns im Radio!
Ein weiteres Mal erlebten wir Spannung pur in vier Stadien.
Wie immer gab es Sieger und Besiegte, Tore und vergebene Möglichkeiten,
5 Jubel und Pfiffe. Großartig heute die Leistung des 1. FC Köln, der im Duell
der Nachbarn gegen Bayer 04 Leverkusen das Heimspiel mit 3 : 1 gewann.
Bayer 04 Leverkusen geht nach der Niederlage schwierigen Zeiten entgegen.
Auch schlecht lief es für Borussia Mönchengladbach. Ihr Angstgegner
VfB Stuttgart gewann im eigenen Stadion mit 2 : 0. Ein weiteres Mal konnte
10 uns Eintracht Frankfurt in dieser Saison überzeugen. Frankfurt spielte
auswärts gegen den SC Freiburg. Am Ende hat Frankfurt drei Tore geschossen
und Freiburg kein einziges. Nur bei einem einzigen Spiel fielen
an diesem Samstag keine Tore – gähnende Langeweile in Mainz
bei der Begegnung des 1. FSV Mainz 05 gegen den VfL Wolfsburg.
15 Wir hoffen auf Besserung im Topspiel heute Abend, wenn
FC Bayern München gegen Borussia Dortmund
in der Münchener Arena spielt.

 **2** Bearbeite die Aufgaben:

a) Markiere die Mannschaften
und die Ergebnisse oben im Text.

b) Trage die fehlenden Informationen in die Tabelle ein.

> Die Heimmannschaft ist die, die **zu Hause** spielt. Sie steht an 1. Stelle.

Ergebnistabelle der Spiele am _____ . Spieltag

Heimmannschaft	Auswärtsmannschaft	Ergebnis
1. FC Köln		:
		:
		:
		:
		:

 **3** Was erfährst du in der Reportage, aber nicht
in der Tabelle? Sprich mit einem Partnerkind.

Unterschrift Partnerkind

24   116   Eine Radiomoderation lesen
Aussagen einer Moderation in eine Tabelle übertragen   KV 130
Den Informationsgehalt einer Moderation und einer Tabelle vergleichen   HR

Einer Grafik Informationen entnehmen

1 Lies die Grafik und die Legende.

Deutschlandkarte: Namen für den Haltepunkt beim Fangenspielen

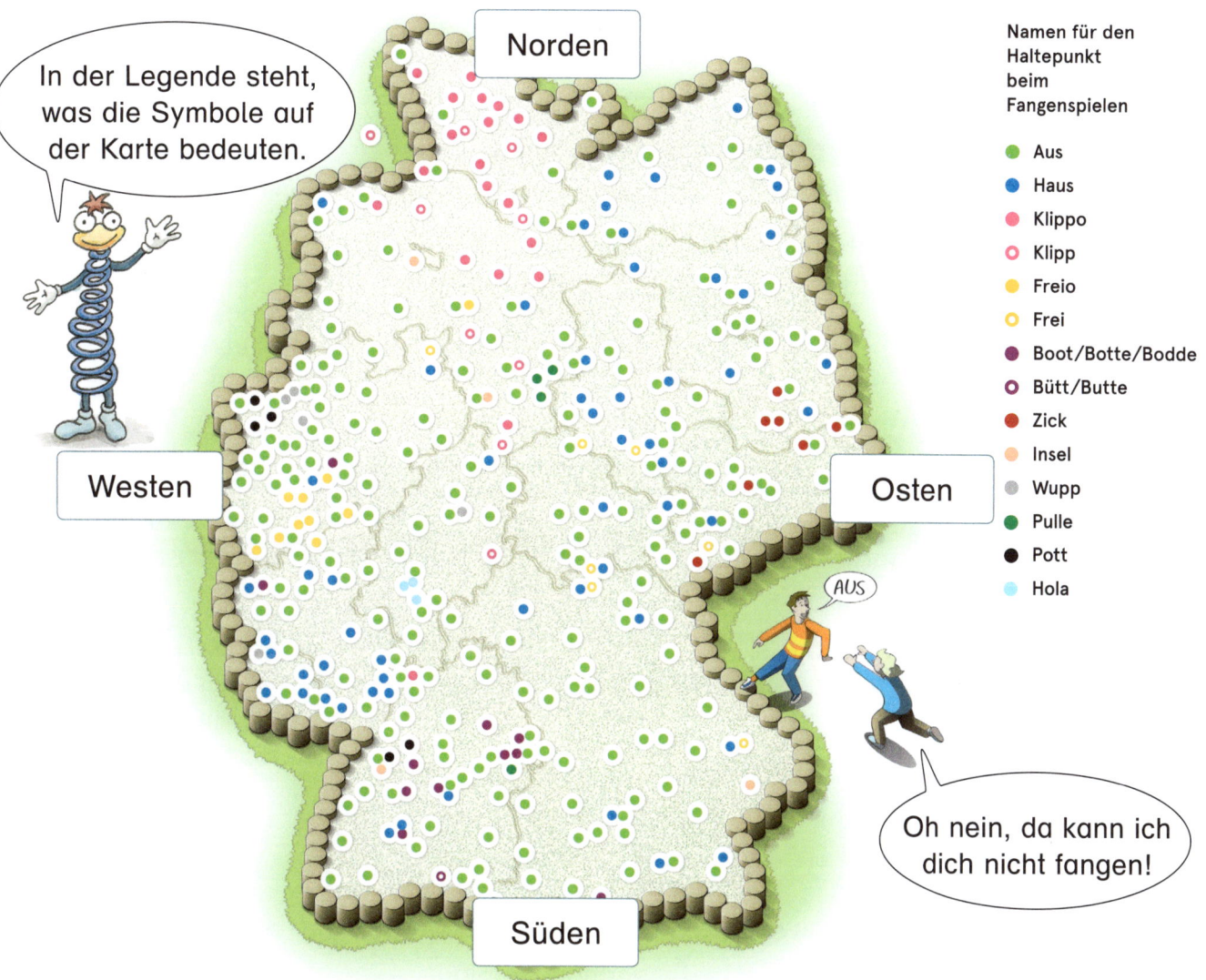

In der Legende steht, was die Symbole auf der Karte bedeuten.

Norden

Westen

Osten

Süden

AUS

Oh nein, da kann ich dich nicht fangen!

Namen für den Haltepunkt beim Fangenspielen

- Aus
- Haus
- Klippo
- Klipp
- Freio
- Frei
- Boot/Botte/Bodde
- Bütt/Butte
- Zick
- Insel
- Wupp
- Pulle
- Pott
- Hola

2 Wie nennst du den Haltepunkt beim Fangenspielen meistens? Schreibe.

_____

3 Umrande das Bundesland, in dem du lebst.
Welche Namen werden hier verwendet?

_____

4 Welche Namen für Haltepunkte hast du noch nie gehört?
Markiere sie in der Legende.

5 Welcher Name wird nicht im Westen von Deutschland verwendet? Kreuze an.

☐ Wupp   ☐ Frei   ☐ Insel   ☐ Zick

Regionalsprache kennenlernen
Eine Grafik und eine Legende verstehend lesen
Einer Grafik und einer Legende Informationen entnehmen
KV 131
Fö 127/Fo 61
117
L2
25

Vortragen, erzählen und spielen

Der Kabeljau
von Heinz Erhardt

1 Das Meer ist <u>weit</u>, | das Meer ist <u>blau</u>, |

2 im Wasser schwimmt ein <u>Kabeljau</u>. ||

3 Da kömmt ein Hai von ungefähr,

4 ich glaub von links, ich weiß nicht mehr,

5 verschluckt den Fisch mit Haut und Haar,

6 das ist zwar traurig, aber wahr. –

7 Das Meer ist weit, das Meer ist blau,

8 im Wasser schwimmt kein Kabeljau.

Ich bereite meinen Gedichtvortrag vor.

1 Sprich mit einem Partnerkind.
Wie bereitet Flora ihren Gedichtvortrag vor?

_____
Unterschrift Partnerkind

2 Bereite das Gedicht **Der Kabeljau** für einen Vortrag vor.
Nutze die Tipps im Kasten.

> **Diese Tipps helfen dir, wenn du anderen etwas vorträgst oder erzählst:**
> - Lies das Gedicht oder den Text mehrmals halblaut.
> - Unterstreiche einzelne Wörter, die du besonders betonen möchtest.
> - Verändere deine Stimme so, dass sie zu deinem Vortrag passt:
>   - Wie ist die Stimmung (lustig, traurig, aufgeregt, nachdenklich, ...)?
>   - Welche Lautstärke und welches Tempo passen
>   (laut – leise, langsam – schnell, ...)?
> - Kennzeichne Stellen, an denen du Pausen machst:
>   kurze Pause |, lange Pause ||.
> - Überlege dir Bewegungen, Geräusche oder Requisiten für deinen Vortrag.
> - Stelle dich so hin, dass alle dich gut sehen und hören können.
> - Halte Blickkontakt zu deinen Zuhörerinnen und Zuhörern.

3 Trage das Gedicht einem Partnerkind vor und lass dir Rückmeldung geben.

a) Was hat ihm besonders gut gefallen?

b) Was könntest du noch verbessern?

_____
Unterschrift Partnerkind

26   118

Über eigene Lernerfahrungen sprechen
Ein Gedicht unter Beachtung von Tipps vortragen
Eine Rückmeldung zu einem Vortrag einholen

KV 132
Fö 128
HR

Ein Gedicht zu zweit lesen

 **1** Suche dir ein Partnerkind
für diese Seite.

Unterschrift Partnerkind

Der Autor schreibt
in seinen Gedichten
alle Wörter klein.

2 Lies das Gedicht zuerst allein.

komm wir spieln das nachsagespiel
von Arne Rautenberg

1 komm wir spieln das nachsagespiel
komm wir spieln das nachsagespiel
aber ich will alles nachsagen
aber ich will alles nachsagen
5 nein falsch
nein falsch
du bist echt blöde
du bist echt blöde
echt
10 echt
haha ha
haha ha
hehe also nee
hehe also nee

15 du klingst ja wie ein papagei
du klingst ja wie ein papagei
komm jetzt hör mal auf damit
komm jetzt hör mal auf damit
idiot
20 idiot
hast du mich eben idiot genannt
hast du mich eben idiot genannt
hör jetzt auf
hör jetzt auf
25 sonst hau ich dir gleich eine
sonst hau ich dir gleich eine
so
au

 **3** Sprecht über diese Fragen
und bearbeitet die Aufgaben:

a) Worum geht es in dem Gedicht?

b) Bei manchen Versen können euch Satzzeichen helfen,
passend zu betonen. Ergänzt sie an diesen Stellen.

c) Wie könnt ihr eure Stimmen verändern,
damit sie zu den Gefühlen und Stimmungen passen?

fröhlich,
wütend, gehässig,
genervt, …

 **4** Verteilt die beiden Sprecherrollen. Markiert eure Rolle.
Probiert aus, wie ihr die einzelnen Verse sprechen könnt.

 **5** Übt eure Verse zunächst allein.
Übt das Gedicht dann gemeinsam für einen Vortrag.
Nutzt dafür die Tipps von Seite 26.

 **6** Sucht euch ein drittes Kind für eine Gruppe.
Tragt ihm das Gedicht vor.

a) Welche Stelle hat ihm besonders gut gefallen?

b) Was könntet ihr noch verbessern?

Unterschrift Gruppenkind

Ein Gedicht sinnverstehend lesen und über den Inhalt sprechen
Satzzeichen als Betonungshilfe setzen und passende Stimmlagen nutzen
Ein Gedicht zu zweit vortragen und eine Rückmeldung einholen

Fö 129/Fo 62
HR

27

1 Lies den Geschichtenanfang.

Es war einmal ein Junge, der hieß Oli.
Oli kam nie pünktlich zur ersten Stunde.
Jeden Tag hatte er eine neue Entschuldigung.
Neugierig fragte ihn sein Lehrer:
„Na, welche Geschichte hast du heute auf Lager?"

2 Was erlebt Oli auf seinem Schulweg?
Wähle eine Erzählidee aus oder finde selbst eine Idee. Kreuze an.

3 Schreibe in Stichwörtern ins Heft, was passiert.

4 Wie würde Oli erzählen? Welche Stimmung passt? Kreuze an.

☐ begeistert ☐ wütend ☐ aufgeregt ☐ _____

5 Übe, die Geschichte mithilfe deiner Stichwörter zu erzählen.
Deine Stimme soll zur Geschichte passen.

6 Trage deine Geschichte einem Partnerkind vor
und lass dir Rückmeldung geben.

a) Was hat ihm besonders gut gefallen?

b) Was könntest du noch verbessern?

_____
Unterschrift Partnerkind

Eine Erzählidee auswählen und dazu Stichwörter notieren
Einen Geschichtenvortrag einüben und ausdrucksvoll präsentieren
Eine Rückmeldung zu einem Vortrag einholen und annehmen

Fo 63
HR

 **1** Suche dir zwei Kinder für eine Gruppe
für die Aufgaben 2–4.

_____

 **2** Schaut euch den Faden mit den Erzählkarten an.
Sammelt Ideen für die einzelnen Karten.

Wie immer ...

**Hauptfigur
Heldin / Held**

*Eines Tages passierte
etwas Schreckliches ...*

Problem

Deshalb beschloss ...

Plan

*Das war nicht einfach,
denn ...*

Hindernis / Bösewicht

Glücklicherweise ...

**Hilfe /
magischer Gegenstand**

Hört einander
gut zu, damit
die Teile der Geschichte
zusammenpassen.

Schließlich ...

Ende

3 Erzählt abwechselnd zu den Karten
und erfindet so gemeinsam eine Geschichte.
Ihr könnt eure Geschichte auch aufnehmen.

4 Sprecht über diese Fragen:

a) Haben die Teile der Geschichte zusammengepasst?
Warum? Warum nicht?

b) Welche Stelle in der Geschichte hat euch besonders gut gefallen?

c) Was hat bei eurer Zusammenarbeit gut geklappt?

Gemeinsam Erzählideen für eine Geschichte sammeln
Gemeinsam eine Geschichte entwickeln und erzählen
Das Arbeitsergebnis und den gemeinsamen Arbeitsprozess reflektieren

KV 133
Fo 63
HR

29

1 Suche dir drei Kinder für eine Gruppe für diese Doppelseite.

Unterschrift Gruppenkinder

2 Lies das Gedicht zuerst halblaut.

Der Tisch und der Stuhl
von Edward Lear

1 Sprach der Tisch zum Stuhl einmal:

„Stuhl, ich leide Höllenqual!

Eine Hitze ist das hier,

und die Füße frieren mir!

5 Komm, lass uns spazieren gehen

und draußen uns die Welt besehen.

Ich brauch Luft, ich will ins Tal!",

sprach der Tisch zum Stuhl einmal.

Sprach der Stuhl zum Tisch sodann:

10 „Wie man so dumm reden kann!

Du weißt doch, um es klar zu nennen,

dass wir gar nicht gehen können!"

Sprach der Tisch: „Hab Fantasie!

Ausprobieren schadet nie.

15 Wenn wir auf vier Beinen steh'n,

warum sollten sie nicht geh'n?"

Also gingen sie drauflos

(und sieh da: Es ging famos!),

polterten die Straßen lang

20 durch die Stadt im Watschelgang.

Und die Leute liefen hin

und sie riefen: „Macht das Sinn?

Hat man so was je geseh'n?

Möbel, die spazieren geh'n!"   *(gekürzt)*

3 Sprecht in der Gruppe über diese Fragen:

a) Wie ist die Stimmung des Gedichts?
Kreuzt an.

☐ traurig   ☐ lustig   ☐ ernst   ☐ verrückt   ☐ verliebt

b) Wie würdet ihr die verschiedenen Teile des Gedichts sprechen?
Überlegt und schreibt die passenden Wörter in die Kästen von Aufgabe 2.
Ihr könnt einige Wörter mehrmals nutzen.

vorwurfsvoll	schimpfend	genervt	sachlich	jammernd
staunend	fröhlich	erfinderisch	traurig	begeistert

 **4** Verteilt die Rollen untereinander.

Erzählkind: _____   Tisch: _____

Stuhl: _____   Leute: _____

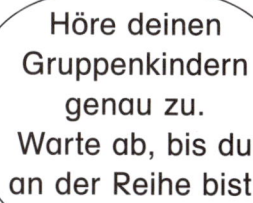

> Höre deinen Gruppenkindern genau zu.
> Warte ab, bis du an der Reihe bist.

 5 Übt eure Verse zunächst allein.
Übt das Gedicht dann gemeinsam für einen Vortrag.
Nutzt dafür die Tipps von Seite 26.

 6 Tragt das Gedicht einer anderen Gruppe vor.

a) Was hat den Kindern besonders gut gefallen?

b) An welchen Stellen wurden die Stimmungen besonders deutlich?

c) Was könntet ihr noch verbessern?

Unterschrift Gruppenkinder

 7 Setzt dieses Gedicht als Trickfilm um.

a) Plant euren Trickfilm (Material, Titel, Hintergrund, Figuren und Gegenstände, Dialoge).

b) Stellt den Hintergrund, die Gegenstände, die Figuren und die Sprechblasen für euren Film her. Verteilt die Aufgaben.

c) Produziert den Trickfilm mithilfe einer App.

Über die Wirkung eines Gedichts nachdenken und sprechen
Einen Gedichtvortrag mit verteilten Rollen einüben und präsentieren
Eine Rückmeldung zu einem Vortrag einholen

KV 132
Fö 129/Fo 62
HR

31

1 Suche dir drei Kinder für eine Gruppe für diese Doppelseite.

_____
Unterschrift Gruppenkinder

2 Lies die Geschichte zuerst allein.

Oskar und der sehr hungrige Drache
von Ute Krause

1 Vor kurzem erst war der Drache aufgewacht. Als er gähnte, bebte die Erde,
und als er nieste, krachte es wie Donner. Da zitterten und bibberten
die Dorfbewohner. Denn nun war es an der Zeit, dem hungrigen Drachen
eine hübsche Prinzessin zum Fraß vorzuwerfen. Da es aber im Dorf
5 keine Prinzessinnen gab, mussten die Leute das Nächstbeste nehmen –
ein KIND!
Herr Schmidt, der Dorfälteste, warf alle Namen in seinen Hut,
schüttelte gut durch – und zog den Namen Oskar. Oskars Mama
weinte bitterlich, aber es half nichts. Oskar musste zum Drachen.
10 Es dauerte nicht lange, da stand der Drache plötzlich vor Oskar
und schnaubte fürchterlich.
„Was soll ich mit dir Dreikäsehoch!", rief der Drache wütend. „Du bist ja
nicht einmal eine Zwischenmahlzeit." Oskar schluckte. Wegrennen konnte er
jetzt nicht mehr. Aber ein bisschen Zeit gewinnen. Also sagte er:
15 „An deiner Stelle würde ich eine halbe Portion wie mich mästen.
Dann hättest du mehr von mir."
„Gar nicht so dumm", brummte der Drache.
Er nahm Oskar mit zu seiner Höhle und steckte ihn in einen Käfig.
„Was braucht es denn, um schön fett zu werden?", fragte der Drache.
20 Oskar machte eine lange Einkaufsliste. Und der Drache besorgte alles.
Oskar bestellte noch einen Herd, und dann fing er an zu kochen.
Kochen konnte er richtig gut,
das hatte er von seiner Mama gelernt.
Bald erfüllte ein wunderbarer Duft
25 die ganze Drachenhöhle.
Oskar deckte den Tisch
besonders schön und rief:
„Willst du auch etwas abhaben?
Es gibt Spaghetti mit Tomatensoße,
30 gegrillte Auberginen und zum Nachtisch selbst gemachtes Eis mit Erdbeeren!"

„Nein!", fauchte der Drache. „Drachen essen kein blödes Menschenessen."

Doch von all den guten Gerüchen grummelte bald sein Magen.

Oskar aß genüsslich seine Mahlzeit, legte sich hin und schlief.

Als Oskar dem Drachen am nächsten Morgen den Einkaufszettel gab,

35 grummelte der Drache: „Wenn du sowieso kochst,

kannst du ja ein bisschen mehr machen."

Der Drache staunte über Oskars Kochkunst,

aber das zeigte er natürlich nicht. Nun ja, fast nicht.

Ab sofort musste Oskar nämlich für den Drachen mitkochen.

3 Arbeite zuerst allein. Unterstreiche in der Geschichte

a) blau, was Oskar sagt,

b) **schwarz**, was der Drache sagt,

c) rot die Wörter oder Stellen im Text, zu denen man Geräusche machen kann.

4 Plant euer Hörspiel:

a) Markiert die Stellen im Text, die ihr mit einem Geräusch untermalen wollt.

b) Recherchiert und besprecht, wir ihr die Geräusche herstellen könnt.

c) Schreibt ein Drehbuch ins Heft:

Zeile	Geräusch	Wie?	Womit?
1	Drache gähnt	laut gähnen	Stimme
1	Erde bebt	mit den Füßen stampfen	Füße auf Fußboden

5 Verteilt die Rollen untereinander.

Erzählkind: _____   Tisch: _____

Drache: _____   Geräuschekind: _____

6 Übt eure Rollen zuerst allein, bis ihr sie gut lesen könnt.
Nutzt dafür die Tipps von Seite 26.
Probt dann mehrmals für die Höraufnahme. Nehmt das Hörspiel auf.

7 Hört euch euer Hörspiel gemeinsam an. Sprecht über diese Fragen:

a) Was hat bei eurer Zusammenarbeit besonders gut geklappt?

b) Was könntet ihr noch verbessern?

Leserollen und zur Inszenierung geeignete Textstellen unterstreichen
Eine Geräuschkulisse für ein Hörspiel planen und ein Drehbuch schreiben
Eine Präsentation üben, umsetzen und reflektieren

HR   119   33

Lesestrategien anwenden

1 Sprich mit einem Partnerkind.
Welche Tipps könnt ihr Flex geben?
Welche anderen Lesestrategien kennt ihr?

Unterschrift Partnerkind

2 Lies die Überschrift.
Wie könnte das Leben auf der Burg gewesen sein? Schreibe.

_____

_____

3 Lies den Text. Unterstreiche beim Lesen die Wörter, die du nicht verstehst.
Kläre sie.

Das Leben auf der Burg
von Hans-Peter von Peschke

Wohnen auf der Burg

1 Das Leben auf einer Burg war weit weniger
romantisch, als wir es aus Ritterfilmen oder
Ritterromanen kennen. Die wenigen Kamine
heizten nur unvollkommen die Räume,
5 durch die an stürmischen Tagen der Wind pfiff.
Nachts waren Hallen und Treppen wenig oder
gar nicht beleuchtet. Im Streu auf dem Fußboden
huschten Ratten und die Küchengerüche
vermischten sich mit denen von Unrat.

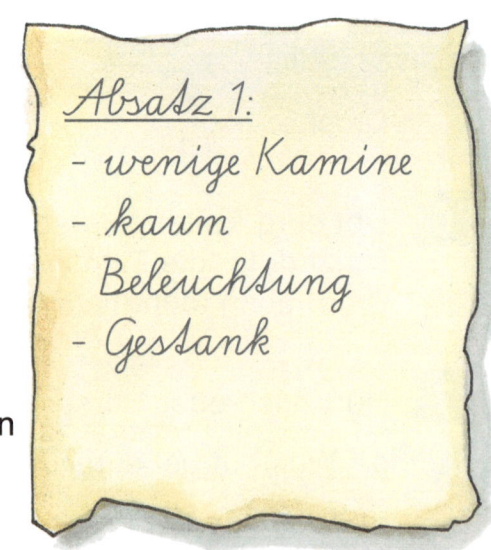

Absatz 1:
- *wenige Kamine*
- *kaum Beleuchtung*
- *Gestank*

Einen informierenden Sachtext lesen
Strategien zum Aufbau einer Leseerwartung anwenden
Strategien zur Klärung unbekannter Wörter anwenden

▶ HR

10 Anders als wir heute wusch man sich auf einer
Burg nicht regelmäßig am Abend und am Morgen.
Dazu war auch das Wasser viel zu kostbar.
Baden war – mit Ausnahme eines Sprungs in
einen sommerlichen Teich – eine Angelegenheit
15 der Familie des Burgherren. Nur sie konnte sich
das teure Vergnügen leisten, mit kostbarem
Feuerholz Wasser zu erhitzen.

Offen getragenes, langes Haar war der Stolz
jeder Edelfrau und auch die Ritter pflegten
20 den Bart und die halblange Pagenfrisur.
Leider nisteten sich dort aber gern Läuse ein, die
nur schwer loszuwerden waren. Mehrmals täglich
benutzen Frauen wie Männer feine Kämme,
um die Läuse und ihre Eier, die Nissen,
25 aus dem Haar zu entfernen. Auch Flöhe
gehörten zu den Quälgeistern.   *(gekürzt)*

4 Markiere in jedem Absatz die Wörter, die du besonders wichtig findest.

5 Nutze deine Markierungen.
Schreibe höchstens fünf Stichwörter auf den Zettel neben jedem Absatz.

6 Finde zu jedem Absatz eine passende Überschrift.
Schreibe sie auf die Linie über den jeweiligen Absatz.

7 Fasse den Text zusammen.
Berichte einem Partnerkind, was du gelesen hast.
Nutze die Zwischenüberschriften und deine Stichwörter.

Unterschrift Partnerkind

Lesestrategien helfen dir dabei, Texte zu verstehen.
In den Phasen **Vor dem Lesen** , **Beim Lesen** und **Nach dem Lesen**
kannst du verschiedene Strategien nutzen.

Optische Markierungen zur Texterschließung nutzen
Zwischenüberschriften als Strukturierungshilfe nutzen
Das Textverständnis durch Zusammenfassen vertiefen

KV 134, 135
Fö 130
HR

120, 121   **35**

Schwierige Wörter in einem Lexikontext klären

1 Lies die Überschrift und schau dir die Bilder an.
Was könntest du in diesem Lexikontext erfahren? Schreibe.

_____

_____

2 Lies den Lexikontext.
Unterstreiche beim Lesen die Wörter, die du nicht verstehst.

Fossile Ammoniten und der noch lebende Nautilus
von Theodora Wurzing

1 Versteinerte Ammoniten gehören zu den
bekanntesten Fossilien. Ammoniten lebten
ausschließlich im Meer und starben schon
vor vielen Millionen Jahren zusammen
5 mit den Dinosauriern aus.
Es gab 30.000 bis 40.000 verschiedene Arten
von Ammoniten, und so findet man auch heute
noch fossile Exemplare dieser Weichtiere.
Aus diesen Funden kann man schließen,
10 dass die verschiedenen Arten zwischen wenigen
Millimetern und bis zu zwei Metern groß waren.

Ein besonderes Kennzeichen der Ammoniten
war das gewundene Gehäuse, das eine ähnliche
Form hat wie das Gehäuse der Schnecken.
15 Im Gehäuse gab es viele aneinandergereihte
Kammern. In der größten und vordersten Kammer
befand sich der Weichkörper des Tieres. Diese
Kammer nennt man Wohnkammer.
Ammoniten waren Kopffüßer. Das bedeutet, dass
20 sich an ihren Kopf direkt die Fangarme anschlossen.
Wie viele Fangarme die Ammoniten hatten, ist unklar.

Im Indischen Ozean findet man noch heute Kopffüßer, die den Ammoniten
ähnlich sind. Einer dieser Kopffüßer ist der Nautilus. Schaut man sich
den Nautilus genauer an, so kann man sich vorstellen, wie der Körper
25 des Ammoniten aufgebaut gewesen sein könnte.

> **Glossar zum Text**
>
> **Ammoniten**
> Ammoniten sind eine
> ausgestorbene Art von
> Weichtieren.
>
> **Exemplar** Einzelstück
>
> **Fossil** Versteinerung
> **fossil** versteinert
>
> **Weichtiere**
> Weichtiere haben keine
> Knochen, aber oft Schalen
> oder Gehäuse. Muscheln
> und Schnecken gehören
> auch zu den Weichtieren.
>
>

Einen Lexikontext lesen
Die Lesestrategie *Vorwissen aktivieren* anwenden
Strategien zur Klärung unbekannter Wörter anwenden

Die Schale des Nautilus ist in einer Ebene eingerollt und in verschiedene Kammern eingeteilt. Die Kammern sind durch Kammerscheidewände gegliedert und werden durch einen fleischigen Strang miteinander verbunden.

Diesen Strang, der durch Öffnungen in den Scheidewänden verläuft,

30 nennt man auch Sipho. Durch den Sipho pumpt der Nautilus Gas oder Wasser in die hinteren Kammern und taucht oder steigt so wie ein U-Boot ab oder auf.

In der Wohnkammer befindet sich der Weichkörper des Nautilus.

Ein Nautilus hat viele Tentakel, die er zum Ergreifen seiner Beute nutzt.

Bei Gefahr zieht er sich in seine Wohnkammer zurück und ist durch die Schale

35 geschützt.

 **3** Markiere im letzten Absatz des Lexikontextes die Wörter **Kammerscheidewände**, **Wohnkammer**, **Weichkörper**, **Tentakel** und **Sipho**. Markiere die Wörter dann in den Abbildungen.

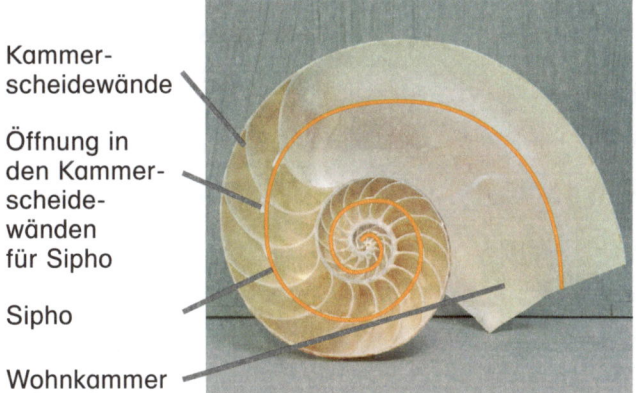

Kammer-
scheidewände

Öffnung in
den Kammer-
scheide-
wänden
für Sipho

Sipho

Wohnkammer

Haube

Weichkörper

Auge

Tentakel

4 Finde die Bedeutung der Wörter heraus, die du in Aufgabe 2 markiert hast. Nutze die Erklärungen im **Glossar** neben dem Lexikontext auf Seite 36 oder frage jemanden.

Im Lese-Leporello findest du Tipps, wie du schwierige Wörter und Textstellen klären kannst.

5 Lies den Lexikontext noch einmal. Überprüfe, ob du nun alles verstehst. Stimmt deine Vermutung von Aufgabe 1?

Kreuze an: ☐ ja ☐ nein ☐ teilweise

 **6** Was haben Ammoniten mit dem Nautilus gemeinsam? Erkläre es einem Partnerkind.

_____

Unterschrift Partnerkind

Optische Markierungen zur Texterschließung nutzen
Eine Abbildung zur Texterschließung nutzen und schwierige Wörter klären   Fö 131, 132/Fo 64, 65
Die Leseerwartung reflektieren und Informationen wiedergeben   ▉ HR

   122   **37**

1 Lies die Überschrift und schau dir die Fotos an.
Was weißt du schon über das Thema? Schreibe.

_____

_____

2 Lies den Text. Unterstreiche beim Lesen
die Wörter, die du nicht verstehst. Kläre sie.

Zocken für alle
von Martin Nader

1 Bestimmt hast du schon einmal gesehen, dass es neben einer Treppe
eine Rampe gibt, die zu einem Gebäude führt. Und wenn du aus der U-Bahn
steigst, kannst du entweder über eine Treppe, auf der Rolltreppe oder mit
dem Aufzug nach oben gelangen. Vielleicht kennst du auch Türen, bei denen
5 man nur auf einen Schalter drücken muss, damit sie sich öffnen. All diese
Dinge sind Hilfen für Menschen mit und ohne Behinderungen, damit sie im
Alltag auf möglichst wenig Hindernisse stoßen. Gebäude, öffentliche Plätze,
Freizeitangebote, Verkehrsmittel und vieles andere mehr sollen für alle
ohne fremde Hilfe zugänglich sein. Das nennt man Barrierefreiheit.

10 Aber wie sieht das bei digitalen Spielen aus? Stell dir vor, du könntest
nicht richtig sehen, hören oder deine Hände nur eingeschränkt bewegen.
Könntest du dann dein Lieblingsspiel am Computer, am Smartphone oder
an einer Konsole überhaupt noch spielen? Bei digitalen Spielen haben
Menschen mit Behinderungen tatsächlich häufig große Schwierigkeiten.
15 Sie können zum Beispiel nicht schnell genug lesen, was in einem Spiel
in einem Textfeld erscheint, oder sie hören nicht, was im Spiel gesagt wird,
oder sie können den Controller nicht bedienen. Trotzdem wollen und
sollen auch Menschen mit einer Behinderung ohne Barrieren digitale Spiele
spielen können.

20 In Köln gibt es ein Projekt mit dem Namen „Gaming ohne Grenzen".
Die Menschen in diesem Projekt wollen herausfinden, welche digitalen Spiele
man mit verschiedenen Einschränkungen spielen kann.

38

Einen informierenden Sachtext lesen
Die Lesestrategie *Vorwissen aktivieren* anwenden
Strategien zur Klärung unbekannter Wörter anwenden

Dazu testen Kinder und junge Erwachsene mit und ohne Behinderungen Spiele, Programme, Werkzeuge und bestimmte Controller. Bei den Tests
25 werden vier Bereiche bewertet: Hören, Verstehen, Sehen, Steuern. Die Ergebnisse veröffentlicht das Projekt unter anderem auf seiner Homepage.

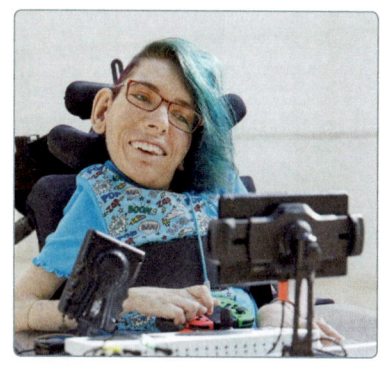

Melanie Eilert ist Botschafterin des Projekts und Bloggerin. In ihrem Blog im Internet veröffentlicht sie regelmäßig Bilder und Texte zum Thema „Gaming".
30 Über sich selbst schreibt sie: „Ich habe schon als Kind Videospiele gespielt. Mit Fortschreiten meiner Behinderung in der frühen Jugend wurde Gaming jedoch nach und nach mühsamer und schließlich lange Zeit unmöglich für mich. Erst durch Spiele,
35 die Optionen anbieten, um mir das Spielen zu erleichtern, und angepasste Controller bin ich wieder zur Gamerin geworden. Seitdem versuche ich, auf mögliche Probleme aufmerksam zu machen, sodass immer mehr Spiele auch von Menschen mit verschiedenen Behinderungen gespielt werden können."

3 Lies den Text noch einmal Absatz für Absatz. Markiere in jedem Absatz Schlüsselwörter.

> Schlüsselwörter sind wichtige Wörter in einem Text.

4 Finde zu jedem Absatz eine passende Überschrift. Schreibe sie auf die Linie über den jeweiligen Absatz.

5 Schreibe einen Brief an eine Person deiner Wahl ins Heft. Erkläre darin, was das Projekt **Gaming ohne Grenzen** ist und was die Menschen dort tun.

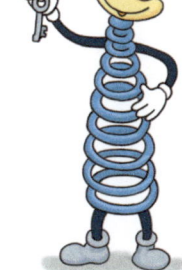

6 Lies den Text und bearbeite die Aufgabe.

> **Artikel 23 der UN-Kinderrechtskonvention: Förderung behinderter Kinder**
> Wenn du eine Behinderung hast, hast du das Recht, unterstützt zu werden.
> Du hast das Recht auf eine besondere Betreuung. Es muss alles getan werden, damit du so weit wie möglich am normalen Leben teilnehmen kannst.

Wie wird Artikel 23 in der Schule oder im Sport umgesetzt? Recherchiere und präsentiere deine Ergebnisse mithilfe eines Lernplakats.

Markierungen zur Texterschließung nutzen und Wichtiges markieren
Sinnabschnitte durch Zwischenüberschriften benennen
Das Textverständnis durch eine Zusammenfassung in Briefform vertiefen

KV 136
HR

121

39

1 Suche dir drei Kinder für eine Gruppe für diese Doppelseite.

_____

Unterschrift Gruppenkinder

2 Lies den Text zuerst allein.

Das Zebra unterm Bett
von Markus Orths

1 Hanna schlug die Augen auf. Irgendwas hatte sie geweckt.
Ein Geräusch. Als hätte jemand in ihrem Zimmer gehustet.
Hanna blickte sich um. Nichts. Niemand.
Sie hätte noch liegen bleiben können. Aber sie hatte keine Lust.
5 Sie hatte viel mehr Lust, ihre Papas zu wecken. Papa Paul, Papa Konrad.
Obwohl Hanna wusste, dass beide ein klein wenig grummeln würden.
Schon stand Hanna an der Tür des Kinderzimmers und hielt die Klinke
in der Hand, da hörte sie wieder dieses Husten. Sie drehte sich um. Da!
Noch einmal. Laut und deutlich. Das … das war hier. Im Zimmer. Bei ihr.
10 Hanna besaß ein Hochbett. Darunter befand sich eine Höhle.
Die Höhle unterm Bett war mit Tüchern verhängt.
Hannas Herz klopfte, als sie die Tücher
mit einem Ruck beiseite zog. Zwischen dem Spielzeug
und den Kleidern lag – ein Zebra. Ein echtes Zebra.
15 Ein lebendes, atmendes Zebra. Wenn auch klein.
Ein junges Zebra. Aber eindeutig ein Zebra.
Das Zebra richtete sich auf und kam unter dem Bett
hervor. Es streckte sich, gähnte und sagte:

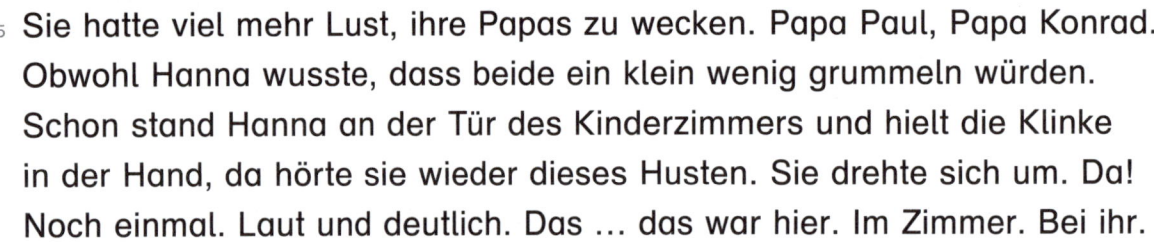

„Danke, dass ich hier schlafen durfte!" „Wie bist du denn überhaupt
20 reingekommen?", fragte Hanna. „Wir sind hier doch im ersten Stock!"
„Zebras können klettern!", sagte das Zebra. „Das weiß aber niemand,
weil wir nur heimlich klettern." „Aha", sagte Hanna. „Und wie heißt du?"
„Bräuninger", sagte das Zebra.

„Hast du Hunger?" „Na klar!" „Dann komm mit runter in die Küche!" In der
25 Küche schmierte Hanna zwei Brote mit dick Butter und noch dicker Nutella.
„Gehst du gern zur Schule?", fragte Bräuninger plötzlich. „Na ja. Ist alles neu!
Wir sind erst vor kurzem hergezogen. Ich glaub, ein paar von den anderen
in meiner Klasse finden es komisch, dass ich zwei Papas hab. Das heißt
homosensationell. Also, wenn zwei Männer sich lieben. Oder zwei Frauen."

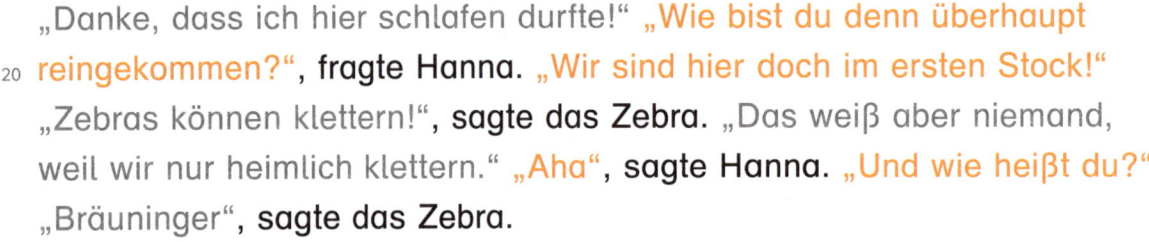

30 „Und? Lieben sie sich?" „Und wie!" „Und dich?" „Aber klar! Sie tun alles für mich."
„Dann bist du ganz schön verwöhnt, was?" „Kann schon sein."

Der Schulweg war lustig, viel lustiger als sonst. Oft mussten Hanna und
Bräuninger wiehern vor Lachen. Als die beiden einen Zebrastreifen überquerten,
sagte Bräuninger: „Hallo, du platte Sau, wer hat dich denn überfahren?",
35 und Hanna prustete los.

Endlich waren sie da. Die anderen Schüler bildeten eine große Traube
um Bräuninger und Hanna. „Wer ist das denn?", rief Helge. „Wo kommt denn
das Zebra her? Darf ich es mal streicheln?" Hanna strahlte.
Mit großem Tamtam zogen alle ins Schulgebäude ein.
40 So viele Schüler umringten Bräuninger, dass die Lehrer gar nicht mitbekamen,
wer genau da in die Schule trottete.
Im Klassenzimmer gab es fünf leere Stühle. Einer davon war der neben Hanna.
Bräuninger setzte sich und legte seine Vorderhufe auf den Tisch. Er grinste.
„Warte!", sagte Hanna und zog aus ihrem Ranzen ein Heft und einen Stift,
45 legte beides vor Bräuninger hin und fragte ihn: „Du kannst doch schreiben?"
„Sicher!", sagte Bräuninger und nickte.
„Na dann!", sagte Hanna. „Das kann ja heiter werden." *(gekürzt)*

3 Denke zuerst allein über diese Fragen nach.
Du kannst dir auch Notizen machen.

Habe ich alles verstanden, was ich gelesen habe?	Was ist interessant, besonders oder neu für mich?	Gefällt mir der Text? Warum? Warum nicht?	Wem würde ich dieses Buch empfehlen? Warum?

4 Stelle einem Kind aus deiner Gruppe deine Gedanken zu den Fragen
von Aufgabe 3 vor. Dann stellt dein Partnerkind dir seine Ideen vor.
Welche eurer Gedanken wollt ihr in Aufgabe 5 den anderen Kindern
vorstellen? Sprecht darüber.

5 Stellt euch in der Vierergruppe gegenseitig eure Gedanken vor.
Sprecht darüber.

6 Wie könnte die Geschichte weitergehen?
Sammelt gemeinsam Ideen. Sprecht darüber.

Eine globale Kohärenz des Textes entwickeln
Die eigene Lesart des Textes formulieren und mit anderen vergleichen
Eine literarische Vorlage produktionsorientiert nutzen (Weitererzählen)

KV 137, 138
Fö 133, 134
HR

L3

41

Sachtexte lesen

1 Sprich mit einem Partnerkind.
Was meinen Flex und Flora?
Welche Themen findet ihr interessant?

_____

Unterschrift Partnerkind

2 Wo findest du Sachtexte? Schreibe.

_____

_____

_____

> Sachtexte **informieren** über real lebende Personen, Lebewesen, Ereignisse, Dinge
> oder Probleme. Sie enthalten meist viele **Fakten** und sind **sachlich** geschrieben.
> **Lesestrategien** helfen dir, einen Sachtext besser zu verstehen.

42   123   Über Sachthemen nachdenken
Quellen für Sachtexte benennen
Merkmale von Sachtexten kennen   HR

 1 Lies die Überschrift und schau dir das Foto an. Was weißt du über Haie? Schreibe ins Heft.

2 Lies den Sachtext.

Haie
von Mary Pope Osborne

1 Haie sind keine Säugetiere, sondern Fische. Sie sind eine besondere Fischart und gehören zu den Knorpelfischen. Haie besitzen nämlich kein Skelett aus Knochen wie andere Fische.

5 Sie haben stattdessen ein kräftiges, radiergummiartiges Skelett aus Knorpel. Haie haben eine Menge Zähne. Viele haben sogar fünf Zahnreihen. Das ist ziemlich praktisch, denn sie verlieren ihre Zähne andauernd! Erwachsene Haie nutzen tausende von Zähnen während ihres Lebens ab. Fällt ein Zahn aus, rückt ein anderer nach vorne.

10 Haie haben eine sehr raue Haut, die sie vor Verletzungen schützt. Sie besteht aus kleinen Furchen, die in Wirklichkeit winzige Zähne sind. Wenn ein Fisch oder Mensch sich daran reibt, kann dies zu Verletzungen führen. Haie sind schnelle Schwimmer. Normalerweise schwimmen sie mit einer Geschwindigkeit von zwei bis fünf Kilometern pro Stunde.

15 Aber wenn sie müssen, können sie noch viel schneller schwimmen. Haie haben keine Lungen. Stattdessen besitzen sie fünf bis sechs Kiemenpaare, die sich beiderseits am Kopf befinden. Kiemen sind kleine Öffnungen. Sie filtern den Sauerstoff aus dem Wasser und geben ihn an den Körper des Hais weiter.

 3 Bearbeite die Aufgaben:

Ein Absatz ist immer da, wo etwas Neues beginnt.

a) Gliedere den Text in Absätze. Zeichne Linien.

b) Markiere in jedem Absatz Wörter, die du besonders wichtig findest.

c) Nutze deine Markierungen. Schreibe höchstens fünf Stichwörter zu jedem Absatz ins Heft.

 **4** Was wusstest du schon über Haie und was hast du Neues erfahren? Nutze deine Notizen von Aufgabe 1 und informiere ein Partnerkind.

_____
Unterschrift Partnerkind

Die Lesestrategie *Vorwissen aktivieren* anwenden
Einen Sachtext in Abschnitte gliedern
Stichwörter auswählen und notieren

KV 139
Fö 135, 136/Fo 7, 66
HR

 124

43

Eine Grafik zu einem Sachtext anfertigen

1 Schau dir die Überschrift und die Fotos an.
Wie sieht dein Traum vom Fliegen aus? Schreibe ins Heft.

2 Lies den Text.

Der Traum vom Fliegen

von Annabelle Hauk, Joachim Thiel, Johannes Keller

1 Es ist ein uralter Menschheitstraum, wie ein Vogel durch die Luft zu gleiten.
Viele Menschen haben sich darüber den Kopf zerbrochen. Heute ist Fliegen
beinahe alltäglich. Flugzeuge transportieren Waren, Geschäftsleute und
Reisende rund um die Welt. Doch gilt der Flugverkehr durch seine schädlichen
5 Abgase mittlerweile als eine große Belastung für die Umwelt und das Klima.

Hängegleiter

Im Jahre 1893 entwickelte der deutsche Erfinder
Otto Lilienthal einen Flugapparat, mit dem er
immerhin 25 Meter weit fliegen konnte. Der
10 Hängegleiter hatte zwei Flügel aus Zweigen,
die mit Baumwollstoff bespannt waren.
Hinten war ein kleines Ruder zum Lenken und
in der Mitte konnte man sich einhängen.

Motorflieger

15 Den Brüdern Wright gelang im Jahr 1903 ein erster
kurzer Motorflug. Er dauerte nur 12 Sekunden und
der Flieger legte dabei 36 Meter zurück. Doch der
Anfang war gemacht. Die Verbesserung der Motoren
sorgte dafür, dass man länger und weiter fliegen
20 konnte. Der Amerikaner Charles Lindbergh überflog
so den Atlantik von New York nach Paris.
Seine einmotorige Maschine hieß „Spirit of St. Louis".

Propellermaschinen

Mit der Zeit wurden die Flugzeuge größer und konnten Passagiere
25 transportieren. Zudem waren sie mit drei Propellermotoren ausgestattet
und bestanden aus Aluminiumwellblech. Die Kabine der berühmten JU 52,
gebaut ab 1932, bot Platz für 16 Passagiere und hatte eine Heizung.

Düsenflugzeuge

Um noch schneller zu werden, wurden
30 die einfachen Propellermotoren in den Jahren
ab 1960 durch Düsentriebwerke ersetzt.
Bei einem Düsentriebwerk wird vorne die Luft
angesaugt und dann im Triebwerk mit Kerosin,
dem Flugbenzin, gemischt. Hinten schießen
35 die Abgase mit großem Druck heraus und geben
so dem Flugzeug den gewaltigen Schub.

Solarflugzeuge

Im Jahr 2016 umrundete
das erste Solarflugzeug die Erde.
40 Das einsitzige Flugzeug flog allein
mit der Kraft der Sonne, verbrannte
kein Benzin und belastete somit
nicht die Umwelt.   *(gekürzt, verändert)*

3 Markiere im Text alle Zeitangaben und die dazu passenden Flugzeuge.

4 Ergänze die markierten Zeitangaben
und die Namen der Flugobjekte am Zeitstrahl.

1893		

1880 1890 1900 1910 1920 1930 1940 1950 1960 1970 1980 1990 2000 2010 2020 2030

5 Recherchiere fünf Erfindungen
und ordne sie an einem Zeitstrahl.
Stelle dein Ergebnis einem Partnerkind vor.

_____
Unterschrift Partnerkind

Zeitangaben in einem Sachtext markieren
Zeitstrahlen zum Ordnen und zur Weitergabe von Informationen
nutzen

KV 140, 141
Fö 135/Fo 67, 68
HR

117   **45**

Ein Glossar zu einem Sachtext erstellen

 **1** Suche dir ein Partnerkind
für diese Doppelseite.

_____

 **2** Schaut euch die Abbildungen an und überfliegt den Text.
Worum könnte es in dem Text gehen? Schreibt.

_____

_____

 3 Lies den Text zunächst allein.

Was ist eigentlich eine Influencerin oder ein Influencer?
von Friederike (www.kindersache.de)

1 Influencerinnen und Influencer sind überall
im Internet zu finden. Innerhalb kürzester Zeit
hat sich ein riesiger Hype
um die Internetberühmtheiten entwickelt.

5 **Follower, Likes und Posts**
Der Begriff **Influencer** ist von dem englischen Wort „influence" abgeleitet.
Das bedeutet „beeinflussen". Influencerinnen und Influencer sind
auf sozialen Plattformen unterwegs. Sie posten dort regelmäßig Fotos oder
Videos und geben Einblicke in ihr Leben. Sie beeinflussen ihre Zuschauer
10 und Zuschauerinnen, indem sie sie zum Beispiel
dazu bringen, sich bestimmte Sachen zu kaufen.

Influencerinnen und Influencer bauen sich im Internet eine Community
(Gemeinschaft) auf, mit der sie sehr aktiv in Kontakt stehen. Der Austausch
zwischen ihnen und ihren Fans ist durch die sozialen Netzwerke kinderleicht
15 geworden.

Es gibt viele verschiedene Arten von Influencerinnen und
Influencern. Die meisten lassen ihre Zuschauerinnen und
Zuschauer fast komplett an ihrem Leben teilhaben.
Einige beschäftigen sich nur mit Schminke und Kleidung,
20 andere nehmen ihre Fans mit auf ihre Reisen und zeigen,
was sie im Ausland alles erleben.
Von Comedy bis Gaming ist alles dabei.

Produktplatzierung und Werbung

Wenn eine Influencerin oder ein Influencer sehr viele Fans hat, sehen viele

25 Firmen darin eine Chance, um ihre Produkte bewerben zu lassen. Sie bieten

den Influencerinnen und Influencern die Zusammenarbeit an und bezahlen

dafür, dass ihre Produkte in Posts oder in Videos gezeigt werden. Einige

Influencerinnen und Influencer müssen auf diese Weise für vieles nicht

bezahlen und bekommen zum Beispiel Schuhe oder Schminke kostenlos

30 zugeschickt. Häufig werden sie aber auch direkt dafür bezahlt.

Vorbildfunktion

Für viele Kinder und Jugendliche sind die Stars im Internet echte Vorbilder.

Klar, dass man als Influencerin oder Influencer also eine große Verantwortung

trägt. Immerhin eifern besonders die jungen Zuschauerinnen und Zuschauer

35 ihren Idolen in vielen Sachen nach.

Oft vertreten Influencerinnen und Influencer sehr oberflächliche Ansichten.

Immer jüngere Zuschauerinnen und Zuschauer werden zum Beispiel animiert,

sich zu schminken oder sich teure Kleidung zu kaufen – so wie ihr Lieblings-

star auf der sozialen Plattform. Außerdem zeigen sich viele Idole im Internet

40 immer nur von ihrer makellosen Seite. Jedes Foto sieht perfekt und

wunderschön aus. Dadurch wird allerdings ein völlig falsches Bild vermittelt.

Oft steckt hinter einem einzigen Post viel Arbeit. Das eine Foto,

das hochgeladen wird, ist nur eines von Hunderten, die am selben Tag

geschossen wurden. Außerdem arbeiten viele Influencerinnen und Influencer

45 mit Filtern und Bildbearbeitungsprogrammen. Leider fühlen sich besonders

heranwachsende Mädchen und Jungen von diesen Schönheitsidealen

unter Druck gesetzt.

Mittlerweile haben immer mehr Influencerinnen und Influencer das Ziel,

Natürlichkeit zu verbreiten. Sie zeigen sich auch in unvorteilhaften Posen

50 oder sprechen offen ihre Unsicherheiten an.

(gekürzt, verändert)

 **4** Sprecht über den Text. Was habt ihr Neues erfahren?

 **5** Markiere mindestens fünf schwierige Wörter im Text.

 **6** Findet Erklärungen für die markierten Wörter. Ihr könnt jemanden fragen,
in Büchern nachschlagen oder im Internet recherchieren.
Erstellt ein kleines Glossar wie auf Seite 36.

Über den Inhalt eines Sachtextes sprechen
Fachwörter in einem Sachtext markieren, Erklärungen dafür finden
und in einem Glossar zusammenstellen   Fö 135

47

Einen Sachtext kooperativ lesen

 **1** Suche dir drei Kinder für eine Gruppe
für die Aufgaben 2–6.

_____
Unterschrift Gruppenkinder

 **2** Lest die Überschrift und schaut euch das Bild an.
Worum könnte es in diesem Sachtext gehen? Sprecht darüber.

3 Lest die Rollenkarten zur gemeinsamen Bearbeitung des Sachtextes.

Rolle A: Lies den Absatz und fasse den Absatz des Sachtextes zusammen.

Rolle B: Lies den Absatz und erkläre schwierige Wörter und Textstellen.

Rolle C: Lies den Absatz und stelle den Gruppenmitgliedern Fragen zum Inhalt.

Rolle D: Lies den Absatz und vermute, wie der Sachtext weitergehen könnte.

 **4** Teilt die Rollen auf. Übernehmt jeweils jede Rolle einmal.
Schreibt eure Namen in die Felder der Tabelle.

	Rolle A	Rolle B	Rolle C	Rolle D
1. Absatz				
2. Absatz				
3. Absatz				
4. Absatz				

 **5** Bearbeitet den Text Absatz für Absatz in der Reihenfolge **A** bis **D**,
wie ihr es in der Tabelle festgelegt habt.

Entdrecker
von Alina Schadwinkel

> **Das ist das Problem**
>
> 1 Weltweit haben viele Menschen keinen Zugang zu Trinkwasser. Zwar gibt
> es auf der Erde eine Menge Wasser, doch das meiste davon ist salziges
> Meerwasser und somit ungenießbar. Das Süßwasser in Flüssen und Seen
> wiederum ist oft verschmutzt. Wenn man das einfach so trinkt, wird man
> 5 krank. Viele Gebiete auf der Welt trocknen auch durch den Klimawandel
> aus. Es gibt also immer mehr Menschen, die Wasser brauchen. Nicht nur
> zum Trinken, sondern auch zum Waschen oder zum Gemüseanbau.

Die Lesestrategie *Vorwissen aktivieren* anwenden
Die Lesemethode *Reziprokes Lesen* kennenlernen

So geht es besser

1 In trockenen Regionen scheint oft die Sonne. Deren Kraft nutzt ein neues
Gerät namens »Desolenator«. Es verwandelt salziges oder dreckiges
Wasser in Trinkwasser. Das geht so: Die Sonne scheint auf Solarplatten.
Mit der Energie, die dadurch entsteht, wird schmutziges oder salziges
5 Wasser erhitzt. Dadurch verdunstet das Wasser und steigt als leichter
Dampf auf. Schwere Salze, Chemikalien und Bakterien bleiben am Boden.
Der Dampf wird eingefangen und gekühlt. Das Ergebnis: sauberes Wasser.

Das ist knifflig

1 Wenn Salzwasser verdampft, bleibt eine schmutzige Salzlauge zurück.
Darin stecken nicht nur das Salz aus dem Meer, sondern auch Schadstoffe,
die etwa durch Schiffe ins Wasser gelangt sind. Beim Gewinnen von
Trinkwasser entsteht also viel umweltschädlicher Abfall. Wenn man den
5 zurück ins Meer kippt, schadet er Tieren und Pflanzen. Die Erfinder suchen
noch eine Lösung dafür. Sie probieren etwa, aus der Lauge etwas Festes
zu machen, das sich schonender entsorgen lässt.

Das kann draus werden

1 Die Erfinder haben ihr Gerät in den Niederlanden und in Dubai getestet.
Das lief so gut, dass sie das Gerät jetzt verkaufen wollen.
Einen ersten Kunden haben sie schon: Ein Dorf in einem ländlichen Gebiet
in Bangladesch möchte mit einem Desolenator seine 4000 Einwohner
5 versorgen. Bisher mussten die Menschen oft viele Kilometer weit laufen,
um sauberes Wasser zu bekommen. Mit dem Gerät können sie fortan
trinken, kochen und waschen, wann immer sie möchten.

(verändert)

 **6** Sprecht über eure Gruppenarbeit.
Diese Fragen helfen euch:

a) Wie hat der Rollentausch geklappt?

b) Habt ihr eure Rollen gut ausführen können?

c) Hat euch die Zusammenarbeit geholfen,
den Sachtext besser zu verstehen?

Einen Sachtext kooperativ lesen und erschließen
Über die Methode *Reziprokes Lesen* reflektieren und sich austauschen
Die eigene Lesefähigkeit einschätzen

123   **49**

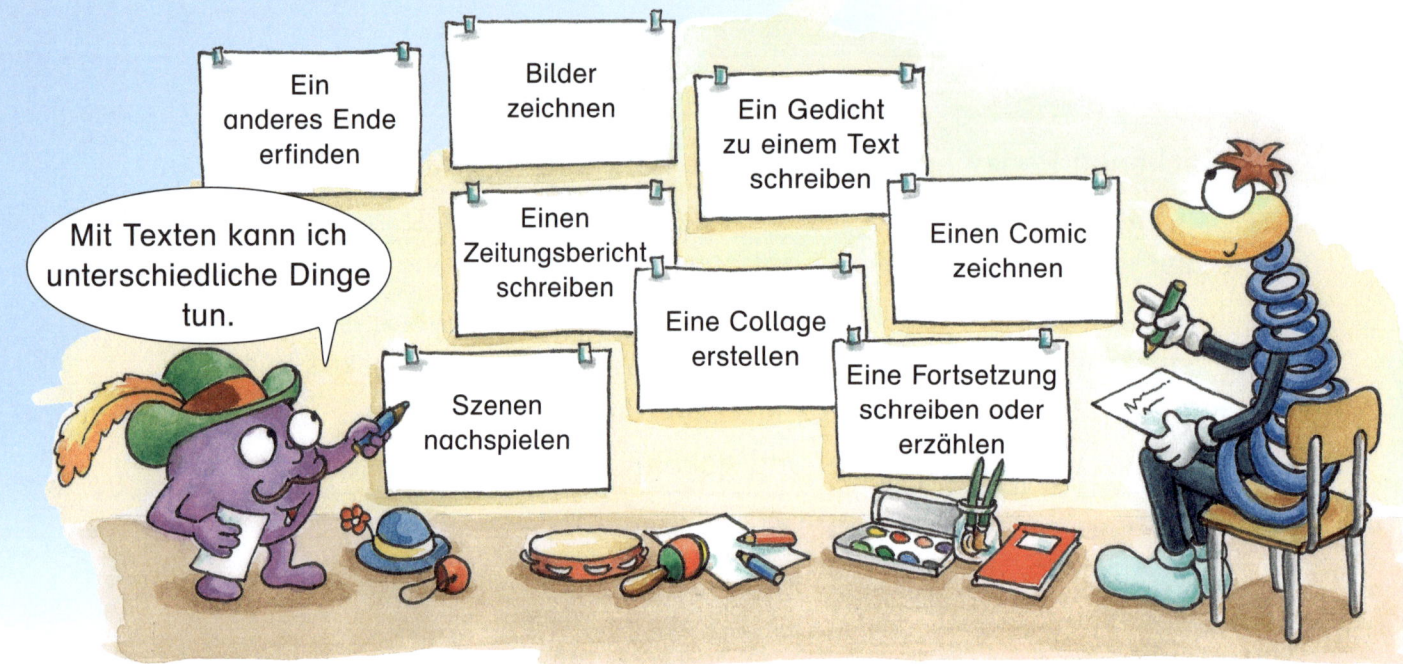

 **1** Suche dir ein Partnerkind für diese Doppelseite.

Unterschrift Partnerkind

 **2** Sprecht über diese Fragen:

a) Was meint Flora?

b) Was habt ihr schon einmal mit Texten gemacht?

 **3** Lies die Geschichte zuerst allein.

Hai-Alarm
von Katja Brandis

1 „Hai-Alarm!" ist nicht das, was man hören möchte,
wenn man gerade Spaß im Meer hat. Und noch weniger möchte man
es hören, wenn es auf irgendeine Art etwas mit einem selbst zu tun hat.

Einen Moment lang blieb ich wassertretend dort, wo ich war, und spuckte
5 mein Schnorchelmundstück aus, um mit meinem Freund reden zu können.
„Hast du gehört? Da ist irgendwo ein Hai. Wir sollten raus aus dem Wasser!"
„Tiago … was … du …", keuchte Lando und wich vor mir zurück,
seine Augen wirkten durch die Taucherbrille irgendwie komisch.
Als würden sie jeden Moment rausploppen. „Also was ist jetzt?", drängte ich.
10 Niemand hörte mir mehr zu. Mein Freund kraulte schon, so schnell er konnte,
aufs Land zu, genauer gesagt, auf den hellgelb leuchtenden Miami Beach.
Beeindruckt sah ich, dass sich Lando von einem moppeligen Couchhocker
irgendwie in einen Olympiaschwimmer verwandelt hatte.

Möglichkeiten zur handlungs- und produktionsorientierten
Auseinandersetzung mit Texten kennenlernen
Einen literarischen Text lesen

Besser, ich legte auch einen Zahn zu.

15 Mit kräftigen Flossenschlägen schnorchelte ich hinter ihm her.

Verdammt, die Leute am Strand starrten alle in unsere Richtung! War der Hai

etwa hier, in meiner Nähe? Nervös blickte ich mich mit meiner Taucherbrille

unter der Oberfläche um, sah aber nichts außer glasklarem Wasser,

hellem Sand und einer zerdellten alten Plastikflasche.

20 Eigentlich wollte ich nicht aus dem Wasser heraus. Es fühlte sich so gut an,

obwohl ich angeblich allergisch gegen Meerwasser war. Andererseits hatte

sich meine Haut irgendwie grau verfärbt, das war garantiert nicht gesund.

Dann fiel mir auf, dass mein Rücken juckte. Während ich mit halb

untergetauchtem Kopf weiter in Richtung Strand schwamm, griff ich

25 nach hinten, um mich dort zu kratzen, wo es am meisten kribbelte.

Und bekam den Schreck meines Lebens. Dort war irgendetwas Festes,

das dort eindeutig nicht hingehörte! War das eine *Rückenflosse*?

Oh mein Gott! Hatte mein dämlicher Kumpel mir die irgendwie angeklebt?

Aber das hätte ich doch merken müssen! Instinktiv drehte ich mich um,

30 sodass das Ding – was auch immer es war! – nach unten ragte,

und schwamm auf dem Rücken weiter.

Schließlich war das Wasser so flach, dass ich darin sitzen konnte, während

kleine Wellen mich umspülten. Ich war der Einzige, der noch im Meer war.

Auf dem Strand wimmelten die Leute herum, noch immer aufgeregt,

35 obwohl der Hai anscheinend nicht mehr in Sicht war.

Ich traute mich erst aus dem Wasser heraus, als mein Rücken sich wieder

normal anfühlte. Die komische Flosse war einfach weg und nirgendwo mehr

zu finden. *(gekürzt)*

 **4** Denkt zuerst allein über die Fragen nach.
Sprecht dann über das, was ihr euch überlegt habt.

a) Was passiert mit Tiago im Wasser?
Wie fühlt er sich im Verlauf der Geschichte?

b) Wie reagieren die anderen Menschen in der Geschichte auf die Ereignisse?

 **5** Wähle eine Möglichkeit von Seite 50 oben aus und bearbeite sie.

> Mit einem literarischen Text kannst du viel machen: dazu schreiben, spielen, malen,
> ihn vertonen, … Dadurch kannst du den Inhalt des Textes besser verstehen.

Über erzählerische Elemente in einem literarischen Text sprechen
Zu Figuren und deren Verhalten Stellung nehmen
Einen literarischen Text handlungs- und produktionsorientiert nutzen

KV 142, 143
Fö 137, 138
HR

125 **51**

Ein Gedicht lesen

1 Würdest du gern einmal mit einem U-Boot fahren? Warum oder warum nicht? Begründe deine Meinung.

_____

_____

_____

2 Lies das Gedicht.

Manchmal könnte ich ein U-Boot gebrauchen
von Juliane Blech

1 Manchmal könnte ich ein U-Boot gebrauchen,
   dann könnte ich, wenn ich wollte, untertauchen.
   Und während alle umsonst nach mir riefen,
   steuerte ich in dunklen Tiefen,
5 sähe ulkige Fische und anderes mehr,
   wäre im U-Boot voll der Herr …

   Keiner würde mich dort vermuten,
   weder die Bösen noch die Guten,
   keine Geschwister, keine Mutter, kein Vater,
10 nicht einer, bis auf den Straßenkater,
   denn diesen würde ich mit mir schleusen,
   statt Mäusen böte ich Fische zum Fressen.
   Im U-Boot könnte ich vieles vergessen,

   nichts könnte mir die Laune vermasseln,
15 ich wäre verschwunden wie Kellerasseln,
   die sich so gut unter Steinen verstecken.
   Ich würde weg sein zu aller Schrecken,
   abgetaucht – unter Wasser – verschluckt,
   die Frage bleibt, ob das jemanden juckt …

20 Hätt' ich ein U-Boot, würd' ich's erfahren,
   vielleicht hab' ich mal eins in ein paar Jahren,
   vielleicht hol' ich mir erst mal 'nen Heißluftballon
   und fliege, wenn's Ärger gibt, einfach davon.

3 Unterstreiche im Gedicht von Aufgabe 2

a) blau, was sich unter Wasser befindet.

b) grün, was sich im U-Boot befindet.

c) orange, wer das Kind nicht im U-Boot vermutet.

 **4** Warum könnte das Erzählkind ein U-Boot gebrauchen?
Markiere die Textstellen im Gedicht von Aufgabe 2.

5 Was erfährst du im Gedicht?
Lies die Sätze und kreuze an.

	stimmt	stimmt nicht
Das Erzählkind bestimmt im U-Boot allein, was gemacht wird und was nicht.	☐	☐
Vom U-Boot aus kann man nichts sehen, weil es unten im Meer so dunkel ist.	☐	☐
Der Kater im U-Boot bekommt Mäuse.	☐	☐
Es juckt mich nicht bedeutet **Es ist mir egal**.	☐	☐
Das Erzählkind ist sich nicht sicher, wie die anderen sein Verschwinden finden.	☐	☐
Das Erzählkind möchte auch gern mit einer Rakete zum Mond fliegen, um zu verschwinden.	☐	☐

6 Denke über diese Fragen nach
und erkläre einem Partnerkind:

Auf mich wirkt das Gedicht beruhigend.

a) Was könnte passiert sein?
Warum braucht das Erzählkind ein U-Boot?

b) Was könnte passieren,
wenn das U-Boot wieder auftaucht?

c) Welche Wirkung hat das Gedicht
auf dich?

_____
Unterschrift Partnerkind

 7 Male dich in einem U-Boot,
mit dem du untertauchen würdest.

Optische Markierungen zur Texterschließung nutzen
Das Textverständnis sichern
Die eigene Lesart des Textes mit der eines Partnerkindes vergleichen

KV 144
Fö 139/Fo 69, 70
HR

126   **53**

1 Suche dir ein Partnerkind
für diese Doppelseite.

_____
Unterschrift Partnerkind

2 Lies die Geschichte zuerst allein.

Nils Karlsson-Däumling
von Astrid Lindgren

1 *Bertils Eltern arbeiten den ganzen Tag und Bertil ist viel allein zu Haus.*
Eines Tages steht plötzlich ein Junge unter seinem Bett, der nicht größer ist
als ein Daumen. Sein Name ist Nils Karlsson-Däumling, genannt Nisse.
Er wohnt in einem Mauseloch ein Stockwerk tiefer.

5 „Willst du ein bisschen zu mir runterkommen?", fragte der Däumling eifrig.
Bertil fing an zu lachen. „Glaubst du denn wirklich, dass ich durch das Loch
da hindurchkomme?" „Das ist die einfachste Sache von der Welt",
sagte der Däumling. „Du drückst nur den Nagel, den du dort neben dem Loch
siehst, und dann sagst du ‚Killevipps'. Dann bist du genauso klein wie ich."
10 „Ist das sicher?", fragte Bertil. „Aber werde ich auch wieder groß, bevor Papa
und Mama nach Hause kommen?" „Aber ja", sagte der Däumling.
„Dann drückst du nur wieder auf den Nagel und sagst noch einmal ‚Killevipps'."
„Lustig", sagte Bertil. „Kannst du auch so groß werden wie ich?"
„Nein, das kann ich nicht", sagte der Däumling. „Leider. Aber es wäre schön,
15 wenn du ein bisschen zu mir runterkämst." „Also los", sagte Bertil.

Er kroch unter das Bett, drückte den Zeigefinger auf den Nagel und sagte:
„Killevipps." Und tatsächlich! Da stand er vor dem Mauseloch, genauso klein
wie der Däumling. „Übrigens, ich heiße Nisse", sagte der Däumling und streckte
Bertil die Hand entgegen. „Komm, wir gehen zu mir runter!" Bertil fühlte,
20 es war etwas unglaublich Spannendes und Merkwürdiges, was hier passierte.
Er brannte richtig vor Neugierde, in das Loch zu gehen.
„Vorsichtig auf der Treppe", sagte Nisse. „Das Geländer ist an einer Stelle
kaputt." Bertil stieg mit behutsamen Schritten eine kleine Steintreppe hinab.
Kaum zu glauben, er hatte nicht gewusst, dass hier eine Treppe war!
25 Sie endete vor einer geschlossenen Tür. „Warte, ich mache Licht an",
sagte Nisse und knipste an einem Schalter. An der Tür hing ein kleines Schild.
„Nils Karlsson-Däumling" stand sehr ordentlich darauf. Dann öffnete er die Tür
und knipste an einem anderen Schalter. Bertil ging hinein. „Hier sieht es nicht
sehr einladend aus", entschuldigte sich Nisse. Bertil guckte sich um.

30 Es war ein kleines kahles Zimmer mit einem Fenster und einem Kachelofen in der einen Ecke. „Ja, es könnte freundlicher sein", gab er zu. „Wo schläfst du denn nachts?" „Auf dem Fußboden", sagte Nisse. „Oh, ist das nicht kalt?", sagte Bertil. „Und ob! Es ist so kalt, dass ich jede Stunde aufstehen und herumrennen muss, damit ich nicht erfriere."

35 Nisse tat Bertil wirklich leid. Er brauchte nachts wenigstens nicht zu frieren.

Plötzlich hatte er einen Einfall. „Bin ich dumm!", sagte er. „Holz kann ich doch besorgen!" Nisse packte ihn heftig am Arm. „Glaubst du, dass du das kannst?", fragte er eifrig. „Natürlich", sagte Bertil. Dann sah er ein wenig bekümmert aus. „Das Schlimme ist nur, ich darf keine Streichhölzer anstecken", sagte er.

40 „Das macht nichts", versicherte Nisse ihm. „Wenn du Holz besorgst – anzünden werde ich es schon." Bertil rannte die Treppe hinauf, drückte auf den Nagel und – hatte vergessen, was er sagen sollte. „Wie hieß das, was ich sagen sollte?", schrie er zu Nisse hinunter. „Killevipps natürlich", rief Nisse. So schnell er konnte, kroch er unter dem Bett hervor und lief zum Küchenherd. Da lagen eine

45 Menge abgebrannte Streichhölzer. Er zerbrach sie in lauter kleine Stücke und stapelte sie neben dem Mauseloch auf. Dann machte er sich wieder klein und rief Nisse zu: „Komm und hilf mir mit all dem Holz!" Denn jetzt, wo er wieder klein war, konnte er nicht mehr alles allein hinuntertragen. Nisse kam angerannt und sie schleppten gemeinsam das Holz die Treppe hinunter und ins Zimmer

50 hinein bis zum Kachelofen. Nisse hüpfte vor Freude.

(gekürzt, verändert)

> Das Ende der Geschichte kannst du im Kinderbuch nachlesen.

 **3** Stellt euch gegenseitig Fragen zum Inhalt der Geschichte.
 *Wer ist Bertil?, Wer ist Nisse?, ...*

 4 Was sind die Vor- und Nachteile, wenn man ein Däumling ist? Sprecht darüber.

5 Was könnten Bertil und Nisse noch zusammen erleben?

  a) Sammelt Ideen in einem Gedankenschwarm oder als Liste im Heft.

  b) Entscheide dich dann für eine Idee. Erfinde dazu eine Geschichte. Du kannst dir auch Notizen machen.

6 Erzählt euch gegenseitig eure Geschichten mithilfe der Notizen.

Strategien zur Vertiefung des Textverständnisses anwenden
Sich mit einem Partnerkind über Textwahrnehmung austauschen
Ein textproduktives Verfahren anwenden

KV 145-147
Fö 140
HR

 **55**

Datum: _____

1 Lies die Überschrift und schau dir das Cover an.
Was bedeutet für dich das Wort **Zuhause**? Schreibe.

_____

_____

2 Lies den Text.

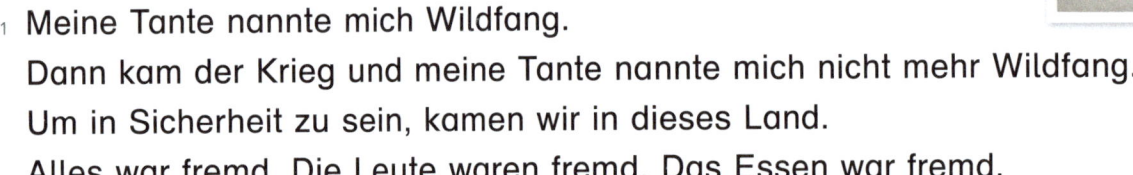

Zuhause kann überall sein

von Irena Kobald

1 Meine Tante nannte mich Wildfang.

Dann kam der Krieg und meine Tante nannte mich nicht mehr Wildfang.

Um in Sicherheit zu sein, kamen wir in dieses Land.

Alles war fremd. Die Leute waren fremd. Das Essen war fremd.

5 Die Tiere und Pflanzen waren fremd. Sogar der Wind fühlte sich fremd an.

Niemand sprach so wie ich.

Wenn ich nach draußen ging, fühlte es sich an, als stünde ich

unter einem Wasserfall aus fremden Wörtern. Und der Wasserfall war kalt.

Dann fühlte ich mich allein. Es war, als wäre ich nicht mehr ich.

10 Zu Hause kuschelte ich mich in eine Decke aus meinen eigenen Worten

und Geräuschen. Ich nannte sie meine alte Decke.

Meine alte Decke war warm. Sie war weich und deckte mich ganz zu.

In ihr fühlte ich mich sicher. Manchmal wollte ich gar nicht mehr hinausgehen,

sondern einfach für immer unter meiner alten Decke bleiben.

15 Eines Tages lächelte mich im Park ein Mädchen an.

Ich wollte zurücklächeln, aber ich traute mich nicht.

Meine Tante und ich gingen einfach weiter.

Als ich mich umsah, winkte das Mädchen.

Bei unserem nächsten Besuch im Park suchte ich das Mädchen.

20 Doch es war nicht da. Erst beim dritten Spaziergang sah ich sie wieder.

Sie winkte und lächelte und mir wurde ganz warm ums Herz.

Das Mädchen kam zu uns her und sagte etwas.

Seine Worte waren fremd. Es fühlte sich wieder an wie der kalte Wasserfall.

Aber das Mädchen lächelte noch immer. Es nahm mich mit zur Schaukel.

25 Ich setzte mich darauf und sie schubste mich höher und höher.

Ich wollte lachen. Ich wollte ihr sagen, wie glücklich ich war,

weil wir jetzt Freunde waren. Doch ich wusste nicht wie. Das machte mich traurig.
Zu Hause versteckte ich mich unter meiner alten Decke.
Ich fragte mich, ob ich wohl immer traurig sein würde.

30 Ich fragte mich, ob ich mich irgendwann wieder wie ich selbst fühlen würde.
Beim nächsten Mal brachte mir das Mädchen ein paar Worte mit.
Sie ließ sie mich ganz oft wiederholen.

Nun brachte mir das Mädchen jedes Mal neue Wörter mit, wenn wir uns trafen.
Manche waren schwierig. Manche waren einfach.

35 Manchmal sprach ich sie komisch aus und wir mussten beide lachen.
Manchmal kam ich mir albern vor und hätte am liebsten geweint.
Nachts, wenn ich, eingewickelt in meine alte Decke, im Bett lag,
flüsterte ich die neuen Worte immer wieder vor mich hin. Schon bald
klangen sie nicht mehr so kalt und hart. Sie hörten sich warm und weich an.

40 Ich webte mir eine neue Decke. Zuerst war meine neue Decke klein und dünn.
Aber ich fügte jeden Tag ein paar Worte hinzu. Die Decke wuchs und wuchs.
Den kalten, einsamen Wasserfall vergaß ich ganz.

Heute ist meine neue Decke genauso warm, weich und gemütlich
wie meine alte. Und ich weiß, dass es egal ist, welche Decke ich benutze,

45 denn ...
Ich bin immer ich! دائماً أنا.

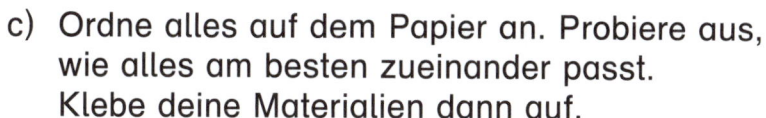

3 Wie sieht Wildfangs neue Decke aus?
Gestalte ihre Decke als Collage.

a) Benutze festes Papier als Grundlage für deine Collage.
Male den Umriss der Decke auf das Papier.
Schreibe **Ich bin immer ich** (auf Deutsch oder Arabisch).

b) Sammle Wörter oder Dinge, die du zur Gestaltung
deiner Collage verwenden möchtest.
Schreibe die Wörter mit verschiedenen Farben,
Schriften und Größen auf Papier.

c) Ordne alles auf dem Papier an. Probiere aus,
wie alles am besten zueinander passt.
Klebe deine Materialien dann auf.

4 Präsentiere deine Collage in der Klasse.
Warum hilft Wildfang diese Decke dabei,
auch in der neuen Stadt ein Zuhause zu finden? Erkläre.

Ein textproduktives, gestalterisches Verfahren anwenden   KV 145-147
Analoge Werkzeuge und Gestaltungsmittel für eine Präsentation nutzen   Fo 69, 70
Über die individuelle Lesart von Texten sprechen   HR

L4

57

Fabeln kennenlernen

1. Sprich mit einem Partnerkind.
Welche Fabeln kennt ihr?

_____
Unterschrift Partnerkind

2. Lies die Fabel.

Das Zicklein und der Wolf
nach Jean de La Fontaine

1 In einer Ziegenherde lebte ein besonders neugieriges Zicklein.
Es sprang über die Wiese und schaute sich alles genau an.
Es kam auch vor, dass es sich dabei von der Herde entfernte.

Eines Tages witterte der Hütehund den Wolf. Schnell trieb er
5 die Herde zusammen und führte sie in den sicheren Stall.
Das Zicklein hatte nichts davon gemerkt. Es war zum Bach
gelaufen und übte, wie ein Frosch zu springen.

Dabei sprang das Zicklein dem hungrigen Wolf direkt vor die Füße.
„Der kleine Ziegenbock könnte mir jetzt schmecken!", dachte der Wolf.
10 Er wollte das Zicklein schon packen und fressen –
da hatte das Zicklein in seiner Not einen Einfall.

Vorwissen über die Textgattung *Fabel* aktivieren
Eine Fabel lesen

Es brach ein Stück Schilfrohr ab und rief: „Hier großer Wolf,
auf dieser Flöte will ich dir ein Lied spielen, bevor du mich frisst."
„Ein wenig Musik vor dem Festmahl könnte nicht schaden",
15 meinte der Wolf. Das Zicklein spielte und spielte.
Der Wolf leckte sein Maul vor Gier.

Aber auch der Hütehund hörte das ängstliche Spiel.
Er rannte los. Die ganze Herde und der Hirte
rannten hinterher, um das Zicklein zu retten.
20 Der Wolf bekam die schlimmsten Prügel seines Lebens.

> Die **Fabel** ist eine **alte, kurze Geschichte**, aus der du etwas lernen kannst.
> Meistens erzählen Fabeln von **Tieren**, die **menschliche Eigenschaften** haben
> und **sprechen** können. Am Ende steht manchmal ein **Lehrsatz**.

3 Warum ist **Das Zicklein und der Wolf** eine Fabel?
Begründe.

_____

_____

_____

4 Welche Eigenschaften haben die Tiere in dieser Fabel?
Kreuze an.

a) Wolf: ☐ schlau ☐ hungrig ☐ stark ☐ gierig

b) Zicklein: ☐ ängstlich ☐ schwach ☐ schlau ☐ vorsichtig

5 Welcher Lehrsatz passt zu dieser Fabel?
Kreuze an.
☐ Der Stärkere gewinnt immer.
☐ Man muss sich nur zu helfen wissen.
☐ Musik hilft im Leben meistens weiter.

6 Welche Situationen oder Erlebnisse
passen zu dem Lehrsatz von Aufgabe 5?
Erzähle sie einem Partnerkind.

_____
Unterschrift Partnerkind

Merkmale einer Fabel kennenlernen
Merkmale einer Fabel an einem Beispiel überprüfen
Eine Fabel in einen realen Kontext übertragen

KV 148
Fö 141, 142
HR

127, 128   **59**

Eine Fabel szenisch umsetzen

 **1** Suche dir zwei Kinder für eine Gruppe
für diese Doppelseite.

_____
Unterschrift Gruppenrkinder

 2 Lies die Fabel zuerst allein.

Der Fuchs und der Bock
nach Äsop

1 Der Fuchs ging an einem heißen Sommertag
mit seinem Freund, dem Ziegenbock, spazieren.
Sie kamen an einem Brunnen vorbei, der nicht sehr tief war.
Der muntere Bock kletterte sofort auf den Brunnenrand,
5 blickte neugierig hinunter und sprang, ohne zu zögern, in das kühle Nass.
Der Fuchs hörte ihn herumplatschen und genüsslich schlurfen.
Da er selbst sehr durstig war, folgte er dem Ziegenbock und trank sich satt.

Dann sagte er zu seinem Freund: „Das Wasser war erfrischend,
ich fühle mich wie neugeboren. Doch nun rate mir,
10 wie kommen wir aus diesem feuchten Gefängnis wieder heraus?"
„Dir wird schon etwas einfallen", blökte der Bock zuversichtlich
und rieb seine Hörner an der Brunnenwand. Das brachte den Fuchs
auf eine Idee. „Stell dich auf deine Hinterbeine und stemme
deine Vorderhufe fest gegen die Mauer", forderte er den Ziegenbock auf,
15 „ich werde versuchen, über deinen Rücken hinaufzugelangen."
„Du bist wirklich schlau", staunte der ahnungslose Bock, „das wäre mir
niemals eingefallen." Er kletterte mit seinen Vorderfüßen die Brunnenwand
empor, streckte seinen Körper, so gut er konnte, und erreichte so
fast den Rand des Brunnens. „Kopf runter!", rief der Fuchs ihm zu,
20 und schwupps war er auch schon über den Rücken des Ziegenbocks
ins Freie gelangt. „Bravo, Rotschwanz!", lobte der Bock seinen Freund,
„du bist nicht nur gescheit, sondern auch verteufelt geschickt."

Doch plötzlich stutzte der Ziegenbock. „Und wie ziehst du mich nun heraus?"
Der Fuchs kicherte. „Hättest du nur halb so viel Verstand wie Haare
25 in deinem Bart, du wärest nicht in den Brunnen gesprungen, ohne vorher
zu überlegen, wie du wieder herauskommst. Jetzt hast du sicher
Zeit genug dazu. Lebe wohl! Ich kann dir leider keine Gesellschaft leisten,
denn auf mich warten wichtige Geschäfte."

 **3** Wie hat euch die Fabel gefallen? Sprecht darüber.

 4 An welchen Merkmalen habt ihr erkannt,
dass **Der Fuchs und der Bock** eine Fabel ist? Erklärt.

_____

_____

_____

 5 Wie möchtet ihr die Fabel umsetzen?
Einigt euch auf eine Möglichkeit. Kreist sie ein.

Zeichnet zu dem Fabeltext einen Comic. Malt zu jeder Szene Bilder und ergänzt Sprechblasen. Überlegt, wie ihr den Comic präsentieren könnt.

Macht aus der Fabel ein Stabpuppenspiel. Stellt die Figuren her. Verteilt und übt die Sprechrollen: Fuchs, Bock und Erzählkind. Übt euer gemeinsames Spiel.

Malt große Bilder zu den einzelnen Szenen. Präsentiert die Fabel mit den Bildern als Lesetheater. Jeder liest eine oder zwei Szenen vor. Ihr könnt die Szenen auch gemeinsam lesen.

Spielt die Fabel als szenisches Spiel vor. Verteilt die Rollen und übt sie zuerst einzeln. Übt dann gemeinsam euer Spiel.

Gestaltet eine Fotostory zu der Fabel. Stellt die Szenen mit Figuren nach und fotografiert sie. Ergänzt anschließend passende Sprechblasen.

Dreht einen Trickfilm zu der Fabel. Stellt flache Papierfiguren her und entwerft einen passenden Hintergrund. Mit einer App lässt sich so der Film herstellen.

 6 Wie viele Szenen hat die Fabel in eurer Umsetzung?
Schreibt die Szenennummern neben die Fabel.

Einen Abschnitt in einem Theaterstück oder Film nennt man Szene.

 **7** Plant eure Umsetzung der Fabel und verteilt die Aufgaben.

 8 Stellt eure Umsetzung der Fabel vor.
Lasst euch eine Rückmeldung geben.

Merkmale einer Fabel überprüfen
Möglichkeiten zur handlungs- und produktionsorientierten
Auseinandersetzung mit Fabeln kennenlernen und anwenden

KV 149
Fo 71
HR

L5

61

Digitale Nachrichten kritisch lesen

NEWS – NEU – AKTUELL

Flex fliegt raus

Ab dem neuen Schuljahr ist Flex nicht mehr länger im Team. Flora muss dann ohne ihn auskommen. Flex wird automatisch aus allen Heften verschwinden. Wo er war, wird dann nur noch ein weißer Fleck zu sehen sein.

1 Sprich mit einem Partnerkind.
Glaubt ihr die Nachricht, die Flora liest?
Warum? Warum nicht?

_____
Unterschrift Partnerkind

2 Lies den Text.

Fake News: Absichtlich falsche Nachrichten
von Katharina Stephan

Fake News sprichst du (Feek Njuus) aus.

1 Fake News sind Nachrichten, die absichtlich falsch sind. Das können Gerüchte, Behauptungen oder scheinbare Fakten sein, die sich jemand ausgedacht hat. So etwas gab es schon immer, durch das Internet können sich Fake News aber schneller als früher ausbreiten. Auch Bilder, Videos und Audioaufnahmen
5 können für Fake News genutzt werden, zum Beispiel wenn sie bearbeitet, verändert oder im falschen Zusammenhang verwendet werden.

Wie kannst du Fake News erkennen?
- **Nachdenken:** Kommt dir eine Nachricht komisch vor?
  Kann das wirklich stimmen? Wenn du zweifelst, solltest du dir
10 die Nachricht genauer anschauen.
- **Quelle prüfen:** Woher kommt die Nachricht?
  Kann man der Verfasserin oder dem Verfasser trauen?
  Ist der Kanal, auf dem die Nachricht veröffentlicht wurde, vertrauenswürdig?
- **Fakten prüfen:** Sind die angeblichen Fakten belegbar? Manchmal lohnt sich
15 schon eine kleine Internet-Suche nach einem Stichwort aus einem Artikel.
- **Mehrere Quellen suchen:** Taucht die Nachricht noch
  in anderen vertrauenswürdigen Quellen auf?

(gekürzt, verändert)

3 Woran erkennst du, dass es sich bei der Nachricht **Flex fliegt raus** um eine Falschmeldung handelt? Markiere in der Nachricht einen Satz, der auf keinen Fall stimmen kann.

4 Lies die beiden Texte aus dem Internet. Welcher dieser Texte ist eine Falschmeldung? Vermute und kreuze an.

Ein Aufzug für Frodo ☐

1 Für seinen Kater Frodo würde Liam Thompson aus Neuseeland wohl alles tun. Frodo ist mit seinen 20 Jahren schon ein alter Herr, aber es soll ihm an nichts mangeln. Weil seine Beine durch das Alter schwach geworden sind, kam er nicht mehr zu seinem Lieblingsplatz am Schwimmbecken. Zum Glück ist 5 sein Herrchen ein Tüftler. Vier Tage lang arbeitete er an einem Aufzug mit elektrischem Motor, mithilfe dessen Frodo nun die Treppen hinunter zum Schwimmbad überwinden kann. Wie er den Aufzug gebaut hat, was alles schiefgelaufen ist und wie er funktioniert, zeigt Liam Thompson in einem Video im Internet. Mitte 2022 hatte das Video schon über 4 Millionen Aufrufe.

Neuer Internetstar stellt Rekorde auf ☐

1 Der neue Star im Internet mit Namen Fleischwurst735xy hat einen Rekord aufgestellt. Innerhalb von einer Woche haben 1.000.000.000 Menschen seinen Kanal abonniert. In seinen Videos zeigt er, wie man Buntstifte in verschiedenen Farben und Größen anspitzt und benutzt. Außerdem ist er nebenbei 5 Leistungsschwimmer in der deutschen Nationalmannschaft der Erwachsenen. Mit nur 10 Jahren ist auch das ein Rekord. Fleischwurst735xy ist bereits Millionär und muss deshalb nicht mehr zur Schule gehen.

Denke nach und prüfe die Fakten! Suche dazu im Internet nach Stichwörtern aus dem Text.

 5 Woran hast du die Falschmeldung in Aufgabe 4 erkannt? Erkläre es einem Partnerkind.

_____
Unterschrift Partnerkind

Im Internet gibt es viele **Fake News** (Falschmeldungen). Kommt dir eine Nachricht merkwürdig vor, prüfe die Informationen, bevor du sie weiterleitest oder anderen Kindern davon erzählst. Es ist auch hilfreich und sinnvoll, mit Erwachsenen darüber zu sprechen.

 **1** Suche dir ein Partnerkind für diese Doppelseite.

 **2** Lest die Überschrift des Textes von Aufgabe 3.
Was wisst ihr über Kettenbriefe? Sprecht darüber.

 3 Lies den Text.

Kettenbriefe und Co.
von Berit (www.kindersache.de)

1 „Wenn du diesen Brief nicht an 10 Kontakte weiterleitest, dann …" – passiert
oftmals etwas ganz Schlimmes. Oder du hast ganz viel Glück, wenn du die
Nachricht kopierst und an deine Kontakte verschickst. Sogenannte Kettenbriefe
sollen immer an viele Freundinnen und Freunde weitergeleitet werden.
5 Die Kette soll nicht unterbrochen werden, daher der Name Kettenbrief.
Kettenbriefe kannst du per E-Mail, SMS oder über andere Messenger erhalten.

Es passiert dir nichts!
Manche dieser Nachrichten können ganz schön gruselig sein. Die Drohungen
sind natürlich völliger Quatsch! Die Geschichten sind ausgedacht. Trotzdem
10 können sie Angst machen und verunsichern viele Kinder. Aus Angst wird
die Nachricht kopiert und an die Freundinnen und Freunde im Adressbuch
weitergeleitet. Doch Stopp! Die meisten Kettenbriefe sind nur Spam, also Müll.
Einige locken mit einem Gewinn, wenn man einen Link oder Anhang anklickt.
Dahinter könnte sich ein Virus verbergen, das sich auf deinem Handy
15 einschleicht oder Daten ausspioniert. Daher solltest du auch niemals
irgendwelche Anhänge von unbekannten Absendern öffnen.

Was tun? Unsere Tipps:
1. Wenn dich ein Kettenbrief verunsichert, dann sprich mit deinen Eltern darüber.
2. Leite diese Nachricht niemals weiter!
20 3. Am besten löschst du die Nachricht gleich.
4. Sperre die unbekannte Nummer auf deinem Telefon
   oder schiebe die Nachricht im Mailprogramm in den Spam-Ordner.
5. Ist der Kettenbrief von einer Freundin oder einem Freund,
   informiere sie oder ihn darüber, dass es sich um Spam handelt.
25 6. Wenn du unsicher bist, ob es sich um einen Kettenbrief handelt, dann
   recherchiere im Internet. Der Text ist meistens schon irgendwo aufgetaucht.

(gekürzt, verändert)

Kommunikationsprozesse in digitalen Medien kennenlernen
Sich über Kriterien für die Qualität digitaler Nachrichten informieren

4 Lies die Kettenbriefe.

↪ *Häufig weitergeleitet*

Liebst du deine Mama? 😆 😆
Dann sende diese Nachricht
innerhalb von 15 Minuten an 20
Leute. Wenn du das nicht tust, wird
etwas Schlimmes passieren. 😭 💔
Dann ist das deine Schuld!

15:26

↪ *Häufig weitergeleitet*

ACHTUNG ⚠️ ⚠️ Heute hast du
die Chance, einen 100-€-Gutschein
zu gewinnen. 💶 😄
Klicke auf den Link, gib deine Daten
und erfahre direkt, ob du gewonnen
hast. 💰 💰 😛

www.sof-gewinnen.de

13:22

↪ *Häufig weitergeleitet*

Wetten ihr müsst sabbern 💦 💦
1. Mach den Mund auf 👄
2. Schicke das an 5 Kontakte 👤
3. Schicke das an 1 Gruppe 👥
4. Zähle bis 10 👤
5. Mach den Mund zu 👄
6. Du sabberst 💦 💦

17:01

↪ *Häufig weitergeleitet*

An alle Jungs und nur für die 😎 😎
Am 1. April ist der Tag der pinken
Oberteile und rosa Blumen 🌸 🌸
🌸 🌸 🌸 🌸 🌸 🌸
Sende diese Nachricht an alle Jungs
in deinen Kontakten 😎 Die Mädchen
sollen sich wundern 🌸 Mach auf
jeden Fall mit 😄 Nur so können wir
es schaffen 👍 Sonst redet keiner
mehr mit dir 🥺 😲

18:40

5 Woran erkennt ihr, dass die Nachrichten von Aufgabe 4 Kettenbriefe sind?
Schreibt.

_____

_____

6 Was könnt ihr tun, wenn ihr einen Kettenbrief
erhaltet? Sprecht darüber.

Kettenbriefe
können echt
nerven!

7 Gib den Suchbegriff **Gefahren im Internet**
in einer Kinder-Suchmaschine ein.
Informiere jemanden über das, was du dort erfahren hast.

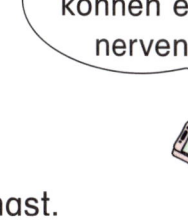

Über die Qualität digitaler Nachrichten nachdenken und sie bewerten · KV 150
Über Umgang und Konsequenzen von Internetkommunikation nachdenken · Fö 143
Informationen zu Gefahren im Internet in digitalen Quellen recherchieren · ▶ HR

130

65

Datum: _____

 1 Sprich mit einem Partnerkind.
Was meint Flora? Wie könnte
ein Hund die Stadt gerettet haben?

_____
Unterschrift Partnerkind

2 Lies die Sage.

Das Brettener Hundle

1 Gern erzählen die Brettener noch heute die Geschichte,
wie ihre Stadt durch einen kleinen Hund gerettet wurde.
Dies soll im Jahre 1504 geschehen sein.

Das Heer des schwäbischen Herzogs Ulrich von Württemberg wollte
5 die Stadt Bretten erobern. Bretten aber war schwer befestigt, und so gelang es
ihm nicht, die Stadt einzunehmen. Stattdessen belagerte das Heer die Stadt
wochenlang, um die Bewohner auszuhungern. Niemand kam in die Stadt
hinein. So blieb es nicht aus, dass mit der Zeit die Vorräte an Nahrungsmitteln
immer knapper wurden. Die Lage war mittlerweile so verzweifelt, dass der Rat
10 der Stadt überlegte, die Stadttore zu öffnen und sich zu ergeben.
Doch ein pfiffiger Ratsherr kam auf die Idee, die Belagerer mit einer List
zu täuschen: „Lasst uns einen Hund mit allem, was wir noch haben, mästen.
Wenn dieser ordentlich rund und fett ist, schicken wir ihn vor das Stadttor.
Sobald unsere Feinde sehen, wie gut es noch unseren Hunden geht,
15 werden sie bestimmt die Hoffnung aufgeben, uns Brettener durch Aushungern
in die Knie zu zwingen."

Die Idee des Ratsherrn überzeugte die Brettener, und sofort machte man sich an die Umsetzung. Der kleine Hund bekam alles zu fressen, was sich noch an letzten Vorräten in den Kellern befand. Er wurde zusehends runder und
20 fetter, und so schickten ihn die Brettener dann hoffnungsvoll vor das Stadttor.

Die schwäbischen Belagerer sahen den wohlgenährten Hund und ließen sich täuschen. Wie gut musste es den Bewohnern Brettens noch gehen, wenn sie selbst ihre Hunde noch so gut füttern konnten! Wie erhofft zweifelten sie, dass die Belagerung in absehbarer Zeit zum Ziel führen könnte, und zogen
25 unverrichteter Dinge ab. In ihrem Ärger aber schlugen sie dem armen Hündchen den Schwanz ab und jagten es in Richtung Stadt zurück.

Die Bürger errichteten dem Hündchen ein Denkmal,
das heute noch an der Kirche in Bretten zu sehen ist.

> Die **Sage** ist eine **alte Erzählung**, die zunächst mündlich weitergeben wurde.
> Sie enthält einen wahren Kern und gibt **Erklärungen** für besondere Orte, Ereignisse
> oder Personen. Manchmal kommen auch **Hexen**, **Riesen**, **Zwerge** und **Geister** vor.

3 Welches besondere Ereignis wird in dieser Sage erzählt? Schreibe.

_____

_____

_____

4 Ist die Geschichte **Das Brettener Hundle** eine Sage? Begründe.

_____

_____

5 Informiere dich im Internet
über das **Brettener Hundle**.
Berichte einem Partnerkind, was du erfahren hast.   Unterschrift Partnerkind

6 Was hat das Wort **sagen** mit **Sage** zu tun? Schreibe.

_____

_____

Merkmale einer Sage kennenlernen   KV 151, 152
Merkmale einer Sage an einem Beispiel überprüfen und begründen   Fö 144
Zu dem Inhalt einer Sage recherchieren   HR   131   **67**

Einen Sachtext, eine Sage ...

1 Lies den Sachtext.

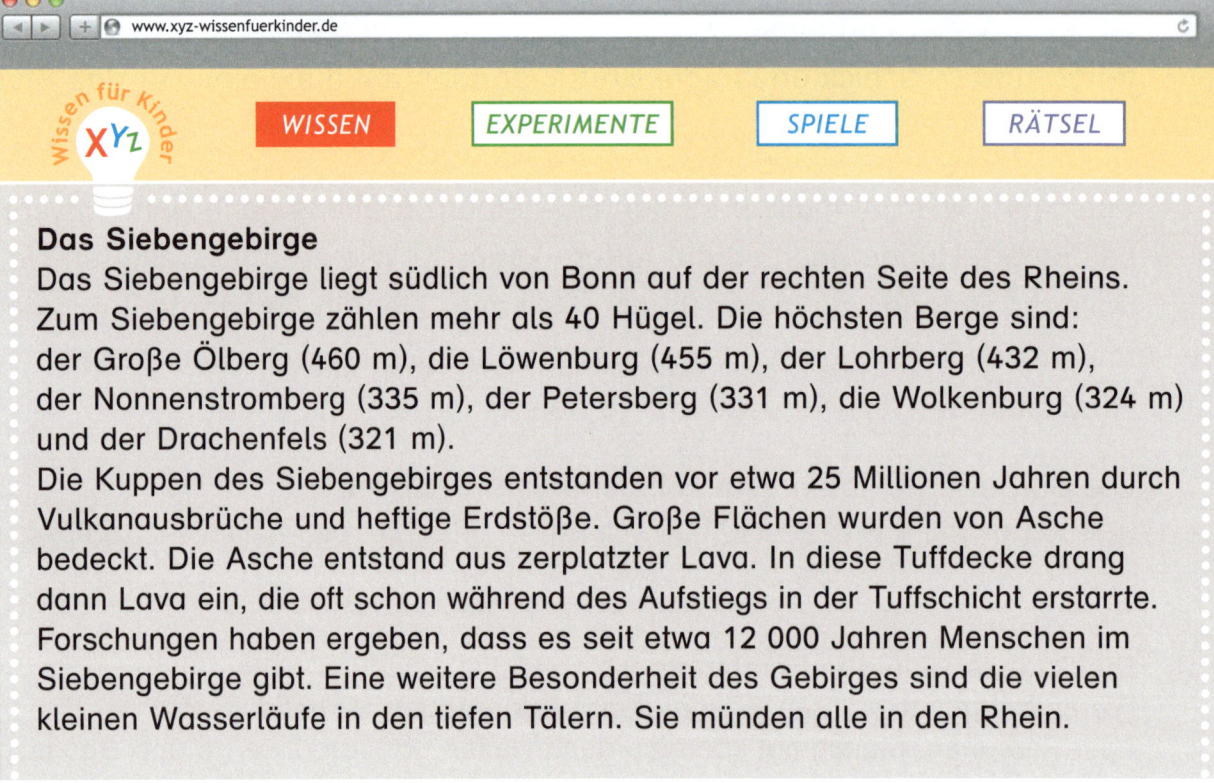

Das Siebengebirge
Das Siebengebirge liegt südlich von Bonn auf der rechten Seite des Rheins. Zum Siebengebirge zählen mehr als 40 Hügel. Die höchsten Berge sind: der Große Ölberg (460 m), die Löwenburg (455 m), der Lohrberg (432 m), der Nonnenstromberg (335 m), der Petersberg (331 m), die Wolkenburg (324 m) und der Drachenfels (321 m).
Die Kuppen des Siebengebirges entstanden vor etwa 25 Millionen Jahren durch Vulkanausbrüche und heftige Erdstöße. Große Flächen wurden von Asche bedeckt. Die Asche entstand aus zerplatzter Lava. In diese Tuffdecke drang dann Lava ein, die oft schon während des Aufstiegs in der Tuffschicht erstarrte. Forschungen haben ergeben, dass es seit etwa 12 000 Jahren Menschen im Siebengebirge gibt. Eine weitere Besonderheit des Gebirges sind die vielen kleinen Wasserläufe in den tiefen Tälern. Sie münden alle in den Rhein.

2 Lies die Sage.

Das Siebengebirge
Volksgut, nacherzählt von Edmund Mudrak

1 Wo die Berge Drachenfels und Rolandseck aufragen, war einst das Rheintal abgeschlossen; oberhalb von Königswinter breitete sich ein großer See aus. Die Bewohner der Eifel und des Westerwalds beschlossen nun, den See abzuleiten; dazu musste das Gebirge durchstochen werden, und da sie das
5 selbst nicht konnten, wandten sie sich an die Riesen und verhießen ihnen großen Lohn.

Wirklich machten sich sieben Riesen auf, um diesen Lohn zu verdienen. Jeder nahm einen gewaltigen Spaten auf die Schulter, und bald waren sie emsig bei der Arbeit. In wenigen Tagen hatten sie denn auch eine tiefe Scharte
10 ins Gebirge gegraben. Das Wasser drang ein und arbeitete mit, bis die Lücke so groß war, dass der See abfloss. Die Leute freuten sich über die dadurch erreichten Vorteile, dankten den Riesen und schleppten den versprochenen Lohn herbei. Die Riesen teilten den Schatz redlich, jeder schob seinen Anteil in einen Reisesack, und dann brachen sie auf. Vorher klopften sie noch

15 die Erde und die Felsbrocken ab, die an ihren Spaten klebten, und davon entstanden die sieben Berge, die noch bis auf den heutigen Tag am Rhein zu sehen sind.

(gekürzt)

3 Wo steht in der Sage von Aufgabe 2 etwas, was tatsächlich so gewesen sein könnte? Unterstreiche.

4 Vergleiche den Sachtext von Aufgabe 1 mit der Sage von Aufgabe 2. Welche Informationen stimmen? Kreuze an:

- ☐ Das Siebengebirge besteht nur aus sieben Bergen.
- ☐ Im Siebengebirge finden sich sieben besonders große Berge.
- ☐ Durch das Siebengebirge fließen viele kleine Wasserläufe.
- ☐ Die Spaten der Riesen ragen noch heute aus den Bergspitzen hervor.
- ☐ Das Siebengebirge entstand durch Vulkanausbrüche und Erdstöße.

5 Markiere in der Sage von Aufgabe 2 folgende Namen: **Drachenfels**, **Rolandseck**, **Königswinter**, **Eifel** und **Westerwald**. Suche diese Wörter unten in der Karte und kreise sie **rot** ein.

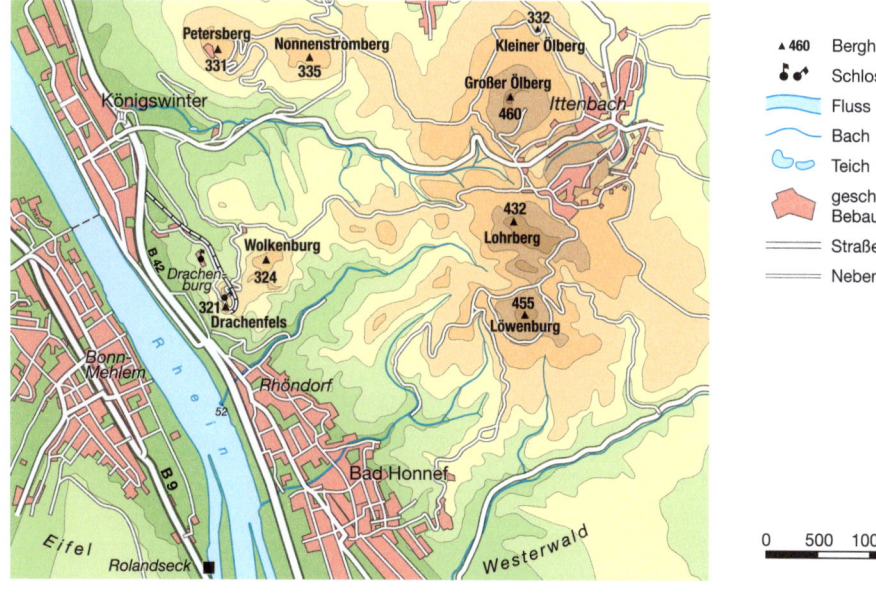
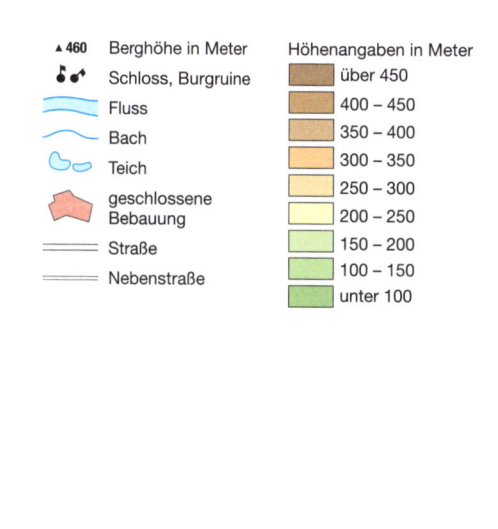

6 Vergleiche den Sachtext von Aufgabe 1 mit der Karte von Aufgabe 5. Kreise in der Karte **schwarz** ein, welche Informationen aus dem Sachtext du dort wiederfindest.

7 Suche eine Sage aus deiner Region. Was ist der wahre Kern dieser Sage? Erzähle es einem Partnerkind.

_____
Unterschrift Partnerkind

Informationen aus einem Sachtext mit einer Sage vergleichen
Geografische Namen in einer Karte finden und markieren
Informationen aus einem Sachtext mit einer geografischen Karte vergleichen   Fö 145/Fo 74, 75

132

69

Bücher lesen und vorstellen

---

1 Sprich mit einem Partnerkind.

                                                     Unterschrift Partnerkind

a) Welche Möglichkeiten, ein Buch vorzustellen, kennt ihr?

b) Wie habt ihr schon einmal ein Buch vorgestellt?

2 Wähle ein Buch aus, das du gern gelesen hast. Schreibe.

Titel: _____

Autorin / Autor: _____

Illustratorin / Illustrator: _____

Verlag: _____

Seitenzahl: _____ Anzahl der Kapitel: _____

Analoge und digitale Werkzeuge zur Beschreibung und Präsentation
der eigenen Leseerfahrung kennenlernen
Ein Buch begründet und interessengeleitet auswählen   HR

3 Zu welcher Textsorte gehört das Buch? Kreuze an oder schreibe.

☐ Abenteuergeschichte ☐ fantastische Geschichte

☐ realistische Geschichte ☐ Detektivgeschichte

☐ _____

4 Wie bewertest du das Buch?
Kreuze an und schreibe.

Du kannst auch mehrere Dinge ankreuzen.

Das Buch ist ...

☐ spannend. ☐ unterhaltsam. ☐ langweilig. ☐ lustig.

☐ romantisch. ☐ gruselig. ☐ interessant. ☐ traurig.

☐ _____

Das Cover gefällt mir ...

Die Bilder oder Fotos im Buch sind ...

Das Buch ist verständlich geschrieben.

_____

5 Wie ist deine Meinung zum Buch? Schreibe.

Das gefällt mir besonders:

- _____
- _____
- _____
- _____

Das gefällt mir nicht:

- _____
- _____
- _____
- _____

6 Wem würdest du das Buch empfehlen? Begründe.

_____

_____

Einen literarischen Text einer Gattung zuordnen
Stellung zum Gelesenen beziehen und es bewerten
Leseeindrücke beschreiben

KV 153-155
Fö 146, 147/Fo 76
▶ HR

133

71

1 Wähle eine literarische Figur aus deinem Buch aus.
Lies die Fragen. Was könnte deine Buchfigur antworten? Schreibe.

Wie heißt du? _____

Wie alt bist du? _____

Wo wohnst du? _____

Wer sind deine Freundinnen und Freunde?

_____

_____

Welche besonderen Fähigkeiten hast du?

_____

_____

Wie würdest du dich charakterisieren?

_____

_____

Was machst du besonders gern?

_____

_____

Was nervt dich?

_____

_____

Welches Problem musst du lösen?

_____

_____

_____

_____

Sich mit literarischen Figuren auseinandersetzen
Ein Interview führen und dabei die Handlungslogik eines erzählenden
Textes in einem fiktiven Interview nachvollziehen

Über Besonderheiten im Buch nachdenken   Datum: _____

1 Lies die Möglichkeiten,
zu denen du etwas
in deiner Buchvorstellung präsentieren kannst.

Das **Thema** des Buchs …
- [ ] würde ich so zusammenfassen: …
- [ ] finde ich interessant, weil …
- [ ] war für mich besonders, weil …

Das ist **meine Lieblingsstelle**
im Buch, denn sie ist besonders
- [ ] interessant. [ ] spannend.
- [ ] lustig. [ ] _____.

Diese **Buchfigur** …
- [ ] hätte ich gern als Freundin
  oder Freund, weil …
- [ ] wäre ich gern selbst, weil …
- [ ] finde ich interessant, weil …

Diese **Orte** im Buch …
- [ ] sind für die Handlung wichtig,
  weil …
- [ ] sind außergewöhnlich, weil …
- [ ] _____

Diese **Situation** im Buch …
- [ ] hat mich beeindruckt, weil …
- [ ] würde ich gern verändern, weil …
- [ ] hätte ich gern miterlebt, weil …

Diese **Gegenstände** spielen
eine wichtige Rolle in dem Buch:

_____

_____

Die **Illustrationen** im Buch …
- [ ] gefallen mir, weil …
- [ ] hatte ich mir anders vorgestellt …
- [ ] _____

Diesen **Satz** im Buch …
- [ ] finde ich besonders witzig: …
- [ ] finde ich besonders schön: …
- [ ] will ich mir unbedingt merken: …

---

2 Wähle zwei Möglichkeiten von Aufgabe 1 aus. Kreuze an.
Mache dir Notizen dazu.

_____

_____

_____

_____

_____

Individuell bedeutsame Buchinhalte benennen
Informationen zu Besonderheiten im Buch sammeln und notieren   KV 153 - 155
Leseeindrücke beschreiben   Fö 146, 147 / Fo 76

73

Eine digitale Präsentation erstellen

1 Vergleiche die beiden Folien aus zwei unterschiedlichen digitalen Buchpräsentationen.

> Die Seite einer digitalen Buchpräsentation nennt man Folie.

2 Welche Tipps für das Erstellen einer digitalen Präsentation wurden bei Folie A oder bei Folie B beachtet? Kreuze an.

	Folie A	Folie B
Die Folie ist übersichtlich gestaltet.		
Die Folie hat eine Überschrift. Man weiß sofort, um was es geht.		
Die Folie gibt Informationen zu einem Unterthema, zum Beispiel Inhalt, Figuren, Orte, …		
Die Folie zeigt Bilder, die zum Inhalt passen.		
Die Schrift ist mindestens 20 pt groß.		

3 Informiere dich, wie eine digitale Präsentation erstellt wird und was dabei noch wichtig ist. Du kannst jemanden fragen, in Büchern nachschlagen oder im Internet nach Anleitungen oder Erklärvideos suchen.

4 Ergänze wichtige Punkte in der Tabelle von Aufgabe 2.

5 Erstelle zu deinem Buch eine digitale Präsentation oder wähle dafür eine andere Präsentationsmöglichkeit von Seite 70 aus.

Gestaltungsmittel und Werkzeuge für Präsentationen bewerten
Digitale Medien für Präsentationen kennenlernen und nutzen
Die eigene Leseerfahrung mit Werkzeugen präsentieren

Das kann ich jetzt

In diesem Heft habe ich
diese **Geschichte** gern gelesen:

Titel: _____ Seite: _____

Sie gefällt mir, weil ...

_____

_____

In diesem Heft habe ich diesen **Sachtext** gern gelesen:

Titel: _____ Seite: _____

Er gefällt mir, weil ...

_____

_____

In diesem Heft habe ich dieses **Gedicht** gern gelesen:

Titel: _____ Seite: _____

Es gefällt mir, weil ...

_____

_____

In diesem Heft habe ich diese **literarische Figur** kennengelernt:

Name: _____ Seite: _____

Sie gefällt mir oder sie hat mich beeindruckt, weil ...

_____

_____

Das kann ich jetzt

Ich kenne diese **Bücher** und ihre **Autorinnen** oder **Autoren**:

Ich habe diesen Text vorgetragen oder vorgelesen:

Ich habe diesen Text nicht nur gelesen,
sondern dazu geschrieben, gespielt, gemalt oder gestaltet:

Wenn ich Texte lese, helfen mir diese **Strategien**:

- ☐ Ich schaue mir die Überschrift und die Bilder an.
- ☐ Ich überlege, was ich zum Thema weiß.
- ☐ Ich frage oder schlage nach, wenn ich etwas nicht verstehe.
- ☐ Ich überlege nach jedem Absatz, was ich gelesen habe.
- ☐ Ich notiere oder markiere wichtige Wörter.
- ☐ Ich fasse einen Text zusammen.
- ☐ Ich spreche nach dem Lesen mit anderen über den Text.
- ☐ _____

Ich nutze diese **Medien**: